老いるが勝ち！◎目次

# 第1章 医学的エビデンスは当てにならない

# 老いるが勝ち!

和田秀樹

文春新書

1464

## 第3章　日本復活のカギは高齢者にある　107

# プロローグ

医療、特に高齢者医療に長いあいだ関わっていますと、理屈通りにはいかないないなと思うことがしばしばあります。

タバコをスパスパ吸って一〇〇歳まで生きる人もいれば、検査データは全部正常なのにガンで亡くなってしまう人もいます。医者に言われて血圧とかいろんなことに気をつけて暮らしているのに、突然脳卒中で亡くなってしまう人もいます。

「理屈通りにはいかないな」と思う瞬間です。

『バカの壁』で知られる養老孟司先生もこの言葉が大好きです。

先生と対談したときに、「いや、私は世の中、理屈通りになんかいくと思ってないからね」とおっしゃって、スパスパとタバコを吸っておられました。

タバコが体に害を及ぼすことは分かりきったことですが、タバコを吸ってあのお年まで生きてこられたどころか、毎年のように海外に出かけていってジャングルに入って虫を捕る元気もあり、頭脳は明晰なのですから、それでまったく問題はないと言えるはずです。

## 八〇歳を過ぎたら我慢しない。食べたいものを食べ、好きなように生きる

私が長年勤めていた浴風会病院は高齢者専門の総合病院です。

その経験も含めて、高齢者専門の精神科医として、約三五年間、臨床現場で過ごしてきました。診療した患者さんは六〇〇〇人を超します。自分で言うのもナンですが、老年医学のプロフェッショナルだと自負しています。

浴風会時代は、毎年、一〇〇人ほどのご遺体を解剖させてもらっておりました。すると、本人も自覚していなかったような大きな病巣があるのに、それ以外の原因で亡くなったケースが少なからずありました。

つまり、最後まで気が付かなかった病気もあるのです。

ガンもそうです。

八五歳を過ぎた方のご遺体を解剖しますと、ほとんどの人の体にガンが見つかります。

世間の常識では、「ガンは早期発見・早期治療すべき病気」とされていますが、本人が気づかないガンもあるし、生活に支障がないガンもあることを教えてくれているわけです。実際、そのうちガンが死因だったケースは三分の一にすぎません。残りの三分の二は〝知らぬが仏〟のまま亡くなっているのです。

とりわけ齢を取ってからのガンは、進行が遅くなるため、放っておいても大丈夫なケースは意外と多くあります。

ここから導き出される選択は、**八〇歳を過ぎたら我慢しない**、という生き方です。ガンにならないように我慢していた、食べ物、お酒、タバコはもう控えたりしなくてもいい。高齢者はすでにガンを持っていることが多いからです。

**好きなものを飲んで食べて生きたほうが**、**ストレスが少なく**、**楽しく生きられる**のではないでしょうか。そして、そのほうが免疫力が高まって長生きできるかもしれないのです。

## 理屈というものは常に変わる。常識とされる説も普遍ではない

世の中で客観的で間違いないと言えることは、人間の死ぬ確率が一〇〇パーセントだということくらいでしょう。だから、ありとあらゆる医療は、死ぬ確率を減らしたり死ぬのを多少（これもどの程度かわからないのですが）遅らせたりはできても、死ぬのを防ぐことに成功したことがありません。

理屈通りにはいかないものです。

インテリと言われている人を当てにしていいのかどうかですが、インテリは旧来の理屈に縛られている危険性が高いのではないかと思います。

例えば、**長生きしたいのでしたら、医者の話を聞くよりも、実際に長生きしている人――それも医者ではない人――に話を聞いたほうがいい**かもしれません。一〇〇歳を過ぎてもカクシャクとしておられた日野原重明先生なんかは例外で、大抵の医者は

それほど長生きしていませんからね。

もう一つ重要なポイントとして挙げておきたいのは、**理屈というものは常に変わる**ことです。

古くは、天動説が地動説に変わったのがいい例です。それまで正しいと思われていた理屈が、突然パッと変わってしまう。

身近なケースで言いますと、植物性の油のほうが動物性の油よりもいいと信じられていた時期がありました。その時期には、マーガリンが健康にいいとされていた。ところが今や、マーガリンに含まれるトランス脂肪酸は、諸悪の根源のように言われています。

実のところ、これだって、普遍的な真理である保証はどこにもありません。実際、マーガリンに再評価の声もあがっています。いずれにしても理屈は変わります。

その一例として、「肥満パラドックス」と呼ばれるものがあります。太ることはあれほど悪いことだと言われていたのに、疫学データから見ると、「太めの人のほうが長生きしている」傾向が顕著にあるのです。

「閉塞性動脈硬化症」は足に血が行かなくなってしまう病気で、余計に悪くなるから太っちゃダメと言われてきました。ところが調べてみると、痩せている人のほうが早く悪くなるという研究結果も発表されています。

このように常識とされてきた説でも、きちんと調べ直してみると違っていたということが意外に起きるものなのです。

以下の章で、そうした理屈と現実の逆転について細かく検証していきたいと思います。流通している理屈や常識がいかに危ういものかを知って、驚かれることでしょう。

それらが次々と明らかになることによって、老後がますます楽しくなります。そして最終章では、いよいよ、齢を取れば取るほど幸せになることがご理解いただけることと思います。つまり、老いるが勝ちです。

《プロローグが教える生き方のヒント》

◎八〇歳を過ぎたら我慢しない。ガンにならないように我慢していた、食べ物、お酒、タバコはもう控えたりしなくてもいい。
◎長生きしたいのなら、医者の話を聞くよりも、実際に長生きしている人に話を聞いたほうがいい。
◎理屈というものは常に変わる。

# 第1章

# 医学的エビデンスは当てにならない

プロローグで述べたように、「タバコをスパスパ吸って一〇〇歳まで生きる人」がいる一方で、そうした生き方とは正反対の「理屈通り」の医療を良しとするのが医者の世界です。その典型として、いま、医者の世界で盛んに言われている言葉が、「エビデンス・ベースド・メディスン（Evidence-Based Medicine）」です。

エビデンス・ベースド・メディスンは、まあ、「科学的根拠に基づいた治療をしましょう」ということです。

薬は体の中で化学反応を起こしますから、しかるべき薬を飲めば、血圧が下がり、血糖値が下がり、コレステロール値が下がったりします。化学反応を起こすのですから、それは難しいことではありません。

例えば、スタチンという薬は体がコレステロールをつくるのを防ぎますから、服用すればコレステロール値は下がります。では、なんのためにコレステロールを減らすのかというと、動脈硬化を予防して心筋梗塞の発症率を下げるためです。

ところが、そのスタチンを飲んだときの副作用として有名なものに、横紋筋融解症があって、筋肉が痛くてしょうがなくなる症状を引き起こしたりもします。重症の時には腎障害を起こして亡くなることもあります。

## コレステロールは心臓には良くないがガンになりにくくするものでもある

もう一点、指摘しておかなければならないことがあります。

スタチンそのものの効果に関しては、五年後、一〇年後で見た場合、おそらく心筋梗塞の発症を減らすというエビデンスは、欧米にはあります。それだけの大規模調査をしたからです。

しかし、もともと日本の場合は、欧米と比べると四分の一くらいしか心筋梗塞は発症しません。

スタチンに関しては日本でも大規模調査があるのですが、あまりにデータが整いすぎています。海外でも有効性が疑われている女性のデータがきれいすぎるし、日本ではコレステロール値が高いほうが死亡率が低いという疫学調査もいくつもある上に、日本では大規模調査のねつ造の実例もあるので、素直に信じる気にはなれません（これについては、これから述べることも読んでください)。

日本の場合、食生活のおかげで心筋梗塞が少ないというのが妥当なような気がします。

実際、スタチンを使う前から、魚をたくさん食べるフランス人やイタリア人は心筋梗塞がアメリカなどよりずっと少なかったのです。

コレステロール一つを取ってみても、人間は一つの臓器でできているわけではないので、理屈通りにならないことも起きてきます。

確かにコレステロール値が高い人ほどいわゆる心筋梗塞になりやすいというデータはあるのです。だから、ひょっとしたらコレステロールを下げたほうが、心臓にはいいのかもしれない。

心臓には良いかもしれないその一方で、ハワイのある住民調査にも注目すべきです。それは、**コレステロール値が高い人ほどガンになりにくい**という調査結果です。

なぜかというと、コレステロールというのは免疫細胞の材料だからです。日本での調査でも、**コレステロール値がやや高めの人が一番長生きしている**というデータがあります。そして、心筋梗塞の多いアメリカでさえ、六〇歳を超えるとコレステロール値が高いほうが死亡率が低いという大規模調査のデータがありますし、別の研究では男性三五歳以上、女性四五歳以上でそうなるというものもあります。

すると、実際のところ、トータルで考えてみたときに、コレステロール値を下げたほうがいいのか、高いままでいいのか、どっちがいいのかがよく分からないわけです。

少し前に、何十人もの死亡者まで出した小林製薬の「紅麹コレステヘルプ」は、悪玉コレステロールを減らすというのが謳い文句でした。薬も飲んでいないような多くの消費者が、サプリだからと言って、自主的にこれを服用したために被害に遭われたわけです。悪玉コレステロールの刷り込みは、実に怖いものだと思います。

今度は、厳密に「エビデンス」で考えてみましょう。

アメリカ医師会には、『ＪＡＭＡ（Journal of American Medical Association）』という有名な雑誌があります。

そこで注目された論文があって、四七三六人の患者さんをアトランダムに分けて調査したのだそうです。血圧を下げる薬を飲んだ群が二三六五人、偽薬を飲んだプラセボ群が二三七一人。血圧は一六〇から二一九で平均は一七〇くらい。平均年齢は七二歳、五七パーセントは女性で、一四パーセントは黒人でした。

五年間の追跡調査でどんなことが起きたのか――。

五年間で、薬を飲んだ群で脳卒中が起きたのは五・二パーセント、プラセボ群は八・二パーセントでした。

薬を飲んだ群で脳卒中は三六パーセント減少した。これは充分にエビデンスのある治療になることが分かった。

もちろん、これらの数字はあくまでもアメリカ人のデータなので、実のところ、そのまま日本人に当てはまるかどうかは分かりません。

しかしながら、多くの医者は日本人にも有効だと見なすわけです。その結果、一般的に、「エビデンスがある薬」➡「脳卒中を減らす良い薬」という思い込みが広がるのです。

## 血圧の薬をめぐって医者はウソをつく

ここで私がしてみたいのは別の見方なのです。

重要なのは、薬を飲んでいても五・二パーセントの人は脳卒中になっていて、逆に薬を飲んでいなくても九一・八パーセントの人が脳卒中になっていないことです。

つまり、血圧が二〇〇だ一七〇だと言って薬でもって下げたところで、二〇〇人に一人（五パーセント）は脳卒中になるのです。逆に、何も飲まなくても一〇〇人中九二人は何でもないということです。

調査結果から言えるのは、後生大事に薬を**五年間飲み続けたにもかかわらず、五パーセントの人が脳卒中になってしまっている事実**です。

それはまさに「不都合な真実」に他なりません。

血圧を正常値に下げたところで、やはり人間の体質には勝てません。発症率を八パーセントから五パーセントに減らすことはできても、ゼロにはできていないのです。

**脳卒中の発症率を減らすことができるというエビデンスはあっても、ゼロにはできません。**

他のケースで考えてみても、いろんな病気のいろんな予防薬とされているもので、発症をゼロにするような薬はほとんどないと思います。ですから、薬を飲んで血圧を下げても、運の悪い人は五パーセントの中に入ってしまう。

ということは、「あなたは血圧が高いから、薬を飲んで正常値にまで下げたら、脳卒中にならない」と患者さんに説明する医者がいるとすれば、それはウソをついたことになります。

さらに問題があるのは、「この薬を飲まないと脳卒中になりますよ」と脅かす医者です。言葉は悪いかもしれないけれども、「詐欺師」と言えるかもしれません。

なぜかというと、薬を飲まなくても脳卒中にならない人は九〇パーセント以上。薬を飲んでも脳卒中になっちゃう人は五パーセント。薬を飲んだおかげで脳卒中にならなくて済んだ人は三パーセント。それが理屈の読み方だからです。

いちばん正直な説明の仕方は、「血圧の薬を飲んだら、脳卒中になる確率が多少下がりますよ」となるでしょう。

次に、もう一つ別方向から考えなくてはいけないのは、「薬を飲むような面倒くさいことをするようだったら、もう俺は血圧なんかどうでもいいよ」と言うような人がいたとします。

理屈通りでいけば、薬を飲めば脳卒中が減ることにはエビデンスがある。そのエビデンスに従えば、薬を飲むことが、〝一番理屈通りで正しい医療〟です。

しかし、調査から分かることは、**一七〇くらいの血圧の高齢者が薬を飲まなくても、九〇パーセントの人は五年後に脳卒中になっていない**わけです。

いま広く行われている〝正しい医療〟の正体が何かと言えば、それを飲まなくても九〇パーセントの人が脳卒中にならないような薬を、患者さんに薦めていることです。あるいは逆に、その薬を飲んだとしても、五パーセントの人は脳卒中になってしまうような薬を、患者さんに薦めていることです。

ましてや、根本的なことを申し上げれば、日本で出されている血圧の薬、血糖値を下げる薬、コレステロール値を下げる薬、それらは日本では大規模比較調査がほとんど行われていない薬なのです。

厳密に言えば、そうした薬に効果があって、本当に数値を下げているかどうかさえ分かりません。

結局、エビデンス、エビデンスと、金科玉条のように医者は言いますが、そのエビデンスの実際のところはよく分からないのが実情でしょう。血圧に関して言えば、たかだか三パーセントの確率を下げるに過ぎない。それがエビデンスと強弁していることの実態です。

## 医者が悪いのは個人差があることを認めないところ

別の例で考えてみましょう。教育心理学者と言われる人たちが、子どもを一〇〇〇人ずつ集めて、褒めて育てたほうがいいのか、あるいは叱って育てたほうがいいのかを、実験するとします。

仮に、七割の子は褒められたほうが成績が上がり、三割の子は叱られたほうが成績が上がるとしましょう。こういう場合には、まあ、実験データとしては褒めたほうが良いということになります。それで、親たちもみんな七割という数字を信じて自分の子どもを褒めるわけです。

ところが、自分の子は褒められたら怠けてしまって、実は三割のほうの叱られて勉強するタイプの子だったということはあります。七割の多数派に入っているのか、三割の少数派に入っているのか、実際のところは事前には、分かりません。

ただ、分かる方法もあります。半年なら半年の間、ずっと褒めてみて成績が上がらなければ、うちの子は少数派の三割に入っていると、親の頭が柔らかければそう思うはずです。

これを医療で考えてみるとどうなるか。

さきほどのデータによれば、血圧を下げたほうがいい人は一割しかいません。仮に、その中で血圧降下剤を飲まないほうがいいと思われる人が二割か三割いるとします。

そういう人たちが薬を飲んでいると、どうも体調が良くない。血圧を下げると頭がボーッとすると。

そうであれば、血圧降下剤を飲むのをやめればいい話です。ところが、医者はやめるのを許してくれない。それは非常におかしなことと言えるでしょう。

つまり、**医者が悪いのは、「エビデンス」と称して個人差があることを認めないところでしょう。**

タバコをスパスパ吸っていても肺ガンで亡くなることなく一〇〇歳まで生きる人は、まさに個人差の典型例です。そういう人は、タバコが心身に対してリラックス効果があるとか、タバコが何かしら体にいい作用をしているせいかもしれません。

養老孟司先生とかはきっとそうなのでしょう。あの先生がタバコを吸えなくなったら、もう生きていても仕方がないと思われるかもしれないですね（笑）。

## 日本では、薬を飲まない人と飲む人の比較調査ができない

ことほど左様に、血圧一つ取ってみても、なかなか理屈通りにはいかないものなのです。しかも、その理屈そのものが大したことはなくて、薬を飲んで脳卒中になる確率の八パーセントを五パーセントに減らす程度の理屈でしかありません。

海外の場合は、薬代が高すぎるとかその他もろもろの理由で、飲まない人と飲む人の比較調査が非常にやりやすい側面があります。

しかし、日本の場合、血圧は下げたほうがいいという具合にみんなが信仰のように信じているから、飲まない人と飲んでいる人の比較調査ができないのです。

調査をやったとしても、やぶ蛇になる可能性があります。やぶ蛇になってしまったいい例が、二〇一四年に発覚して逮捕者も出たディオバン事件です。

これは有名な事件で、高血圧治療薬ディオバン（一般名バルサルタン）に関する、臨床研究の論文不正事件です。高血圧は日本国内だけで患者数が三〇〇〇万人いると言われる巨大な薬市場で、ディオバンはノバルティス社の期待の新薬でした。

その臨床試験に関わった二つの機関は、それぞれ三〇〇〇人の高血圧患者に対して、ディオバンを飲んだ群と飲まなかった群で、心血管合併症の発症を比較したのです。

ところが、最終的には五つの機関が、結果に関して大規模な改竄《かいざん》を行った。

おそらく予想とは大きく違ったデータが出たのでしょう。実験というのは理屈通りにいかないことが多いものですし、欧米の人と日本人では体質が違うので、そういうことも起こるのです。その改竄されたデータをもとに、ノバルティス社はディオバンを売りまくり、実に年間一四〇〇億円を得たのでした。

日本で比較調査なんかやっても、そんな結果になるのがオチかもしれません。

ここで重要なポイントを二つにまとめておきます。

一つ目は、日本では、血圧であれ子育てであれ、基本的に「**理屈**」**と呼ばれているもののほとんどが、個人差を認めていない**こと。

二つ目は、例えば血圧を下げる薬に関しては、脳卒中になる確率が八パーセントから五パーセントに下がるように、**医者が言っていることは、あくまでも確率論にすぎず、しかもその差が考えられているよりもわずかしかない**こと。

それが理屈の裏側です。

アメリカがすべていいと言いたいわけではないのですが、アメリカの場合は、仮にある薬を飲むことによって、脳卒中になる確率が一〇パーセントから五パーセントに下がるのだとしたら、そのエビデンスを作っておかないと、保険会社が医療費を払ってくれない仕組みになっています。だから必死になってエビデンスを作っているのです。

ところが日本の場合は、血圧の薬を飲んだことによって、死亡率を下げられたとか脳卒中を減らしたというエビデンスがなくても、血圧が高い人に医者が薬を出せば自動的に製薬会社は利益を得られるのです。

世界的に見て、日本の医者が処方する薬がものすごく多いのはそうした複合的な理由によるのでしょう。

## 医療費が膨大になるのは医者が無駄な薬を出すから

薬にかかる国民の医療費は、実はぜんぜんバカにならない数字になっています。

財務省の事務次官だった矢野康治氏が、二〇二一年一一月号の『文藝春秋』誌上で、「財務次官、モノ申す『このままでは国家財政は破綻する』」という論文を発表したことを覚えていらっしゃる方もいるでしょう。

「あえて今の日本の状況を喩えれば、タイタニック号が氷山に向かって突進しているようなものです。氷山（債務）はすでに巨大なのに、この山をさらに大きくしながら航海を続けているのです」

として、安倍政権の「バラマキ政策」を痛烈に批判しました。

一九九〇年度から二〇二三年度の予算を見てみましょう。

予算規模では、歳出が六六兆二〇〇〇億円から一一四兆四〇〇〇億円と、約四八兆円も増えました。その歳出の中でいちばん大きな割合を占めるのは社会保障費です。

社会保障費は、一一兆六〇〇〇億円から三六兆九〇〇〇億円に、予算全体に占める割合からすれば、一七・五パーセントから三二・三パーセントに増えていて、その内実は介護費用ではなく医療費なのです。

日本は医療費をなんとかしない限り、タイタニック号のように沈没してしまうのは明らかでしょう。

それを個人生活の側面から見てみれば、給与生活者であれば、毎月健康保険料を引かれています。その金額は結局、医療費の総額から割り出しているので、医者が無駄な薬をどんどん出せば、それだけ個人の手取りの給与は減ることになります。

そういう意味では、エビデンスを取って理屈通りの医療をやるのは、歯止めとしての効果はあるかもしれません。しかし、何度も言いますけど、問題はエビデンスがあるからと言って、自分がそのエビデンス通りになるという保証がないことです。

血圧の薬を飲めば脳卒中になる人が、八パーセントから五パーセントになる。薬の恩恵を被る人はわずかに三パーセントです。三パーセントでも減るのならばやはり飲んでいたいと思うかどうかは、個人の選択です。

魚に含まれるDHAやEPAは体にいいとか言いますが、おそらく体質によって当たり外れもあるだろうし、その通りになる人が果たして三割いるのか五割いるのか七割いるのかは分かりません。あくまでも確率論の話だと思います。

さきほどお話しした「褒めて育てたほうがいい」というのも、たぶん六割か七割の子には当てはまるのでしょうが、当てはまらない子は大量にいるわけです。

よく議論されることとして、ストレスやトラウマがあります。アメリカに性的暴行を受けた人とPTSD（心的外傷後ストレス障害）についての有名な調査があって、それによると、性的暴行を受けた人がPTSDになる確率が四五パーセント、震災に遭った人だと五パーセント。そういう結果が出ています。

もちろんアメリカ人と日本人とでは、メンタルが大いに違うでしょうから、その数字を鵜呑みにはできません。ただ、この数字は、これほど最悪な被害を受けた後でもトラウマの後遺症を引き起こさない人が一定数いることを示してはいます。

ここでも確率論になってきます。

## いじめをなくす方向よりも
## いじめを受けた子を救うほうが難しくない

いじめ自殺についてですが、精神科医として私らが思うことがあります。日本全国で起きているいじめは、認知されているだけでも約六八万二〇〇〇件（二〇二二年度）です。児童生徒一〇〇〇人当たりですと五三・三件です。

認知されていないものも含めるとひょっとしたら、その倍くらいが実態なのかもしれません。とにかく非常に多いと言えるでしょう。それが原因で自殺してしまった児童生徒が年間で四一一人（同年度）います。

数十万件のいじめをなくすことは現実的には非常に困難です。それならばむしろ、いじめを受けて心の具合が悪くなった子を救う方法を考えたほうが、ひょっとしたら難しくないのかもしれない。

宝塚の宙《そら》組で起きた上級生による下級生のいじめ事件を見ていても、テレビのコメンテーターは宝塚自体を責めるだけです。

その時にできたかどうか分からないし、そんなに簡単な話ではないのかもしれませんが、「そんなに辛かったら、宝塚をやめたほうがいいよ」と誰かが言ってあげられなかったのかと思います。

学校のいじめで自殺をする人たちは、親に心配をかけたくないとか理由は様々なのでしょうが、学校に通い続けているわけです。「学校になんか行かなくていいよ」とか、「スクールカウンセラーっていうのがいるよ」とか、「保健室登校っていう手があるよ」と教えてあげることで、最終的な局面を回避できることもあるかもしれません。

小中学校で不登校になっている児童生徒が約二九万九〇〇〇人（同年度）います。実はいじめが理由で不登校になっている児童生徒はごくわずかですが（二〇二一年度の中学生への調査では一六万三〇〇〇人中、いじめは二七一人）、その児童生徒たちに関してはそれで自殺が回避できているのでしょう。

結局、いじめを防ぐのではなく、いじめが起きた後のソリューション（解決策）を考えたほうが効果的だと思います。

「いじめをなくしましょう」と舵を切ることに害がないかと言えば、副作用が起きないわけではありません。例えば、ニックネーム禁止とか、コミュニケーション阻害につながるようなことが現実に起こっています。

養老先生の本を読んでいて印象的だったのは、「いじめはいいんだ。いけないのは差別だ」という趣旨のことを語っておられたことです。つまり、口のきき方が悪い子どもとか、態度が悪い子どもは、いじめられないと直らないというのです。

口のきき方が悪いのでいじめられている子どもは、いじめられることで矯正されたほうがいい。だけど、背が低いのでいじめられているとか、家が貧乏なのでいじめられているというのは、自分の努力ではどうしようもないことです。だからこれは、「いじめではなく差別」だと養老先生はおっしゃっています。

たしか、『超バカの壁』に書いてあります。私もそう思います。

私自身のことを考えても、私は性格が悪かったせいで、子ども時代にさんざんいじめられました。しかし、それによって矯正された部分というのが結構あるのです。

もしそこで心を病んじゃった場合には、別の手当てが必要になってくる。例えば、カウンセラーの所に行くとか、そういうソリューションを教えてあげたほうがいいかもしれません。

《第1章が教える生き方のヒント》

◎コレステロール値が高い人ほどガンになりにくい。
◎コレステロール値がやや高めの人が一番長生きしている。
◎一七〇くらいの血圧の高齢者が薬を飲まなくても、九〇パーセントの人は五年後に脳卒中になっていない。
◎医者が悪いのは、個人差があることを認めないところ。
◎医者が言っていることは、あくまでも確率論にすぎない。

# 第2章　権威と肩書を信じるな

医者についても、考え方を変えなければなりません。

**検査データを見て、画像データを見て、診断をして、薬を決めるのであれば、ＡＩに勝てるわけがありません。**画像データ一つ取ってみても、ガンの見落としはＡＩのほうが圧倒的に少ない。

すると、普段とちょっと顔色が違うとか、体調がいつもと違っていそうだとかいう第六感、つまり人間にしか分からない感覚、あるいは問診やフィーリングとか、そういうもののほうがＡＩ時代の医者の仕事のメインになってくるかもしれません。もしくは、この先生と話していると安心感が持てるとかです。

西洋医学は要するにエビデンスを求めて、エビデンスに従う医療です。血圧が高い人にはこの薬を出し、肝臓が悪い人にはこの薬を出すとか、どんな人にも同じ薬を出すのがいい治療とされています。

つまり、エビデンスというのは、いちばん良好な結果が出る確率が高い治療をすることなのです。

## 将来の医学は東洋医学を突き進めたものになる

ところが、東洋医学の場合は「証《しょう》」を見ます。「証」とは、人それぞれ体質や体力や抵抗力などが違いますから、その人のからだが病気とどんな戦い方をしているかを見るものです。すると、同じ病気であっても、違う薬を出す。

例えば〝風邪をひいたら葛根湯〟というのは西洋医学的な発想なのです。葛根湯は冷えるような「証」の人に出すもののようです。

東洋医学は古く、西洋医学は新しいと、この一五〇年くらいは信じられてきました。しかし、今後、ゲノムなるものがもうちょっと解析されてきたら、**将来の医学は東洋医学をさらに突き進めたようなものになる**かもしれません。

この人は血圧が普通より高くても大丈夫とか、この人は脳卒中を起こしやすい体質だとか、この人は四〇代でガンになるとか、この人はタバコを吸っても一〇〇歳まで生きられるとか。

そんなことが分かるようになる可能性もあるわけです。今まではEBM（Evidence-Based Medicine）、つまり、「科学的根拠に基づいた医療」の時代だったけれども、ゲノムの時代には一人一人に違った医療を施すようになるのではないでしょうか。いわばオーダーメイドです。その意味では、むしろ古いと言われてきた漢方的な発想が正しいと言われる可能性は大です。

何が言いたいかというと、今正しいものを正しいんだと信じてしまうのはインテリとか学者には多いのですが、そんなものはいつまで持つか分からないということを肝に銘じておくことが大事です。

そうしないと、やがては**時代遅れのバカ**、と言われてしまうでしょう。

## 大学教授の頭の中は古い。肩書を信じることは怖い

結局、日本人は大学教授の肩書が好きなのです。ノーベル賞とかも大好きですよね。気を付けなければならないのは、肩書のある人たちの質が必ずしも良くないことで

す。毎年更新される海外なんかと違って、日本の場合は、四〇代で教授になれたら、さしたる業績もないままに六〇代の定年までずっと教授でいられます。

従って、逆に、日本の大学教授は考え方の古い人が多いのです。

一例を挙げれば、近藤誠医師が一九八八年に、慶應義塾大学専任講師の立場で「乳ガンは切らずに治る」と『文藝春秋』に寄稿して、乳房温存療法を提唱し出したときに、彼は徹底的に排斥されました。

当時は「乳ガン＝乳房全摘」の時代でした。そこに「治癒率は同じなのに、勝手に乳房を切り取るのは、外科医の犯罪行為ではないか」と一石を投じたのです。海外では普及していた乳房温存療法の提唱は、日本ではとても新しかった。それに反対した医者たちは医学的に怠慢だったにすぎません。

結局、彼を排斥した教授たちが齢をとって引退してから、乳房温存療法が早期乳ガンの標準治療になるのです。教授たちの考え方がいかにも古かったことになります。

その後、近藤さんは徐々に極論に走るようになり、さらなる批判を浴びるようになるのですが（私は近藤さんの言うことの大部分に一理あるとは思っていますが）、少なくとも当時は旧弊を打破して新しいことを考える人ではありました。

高齢の教授たちの次の代になると、そのときにはアップ・トゥ・デイトの考え方をする人が教授になるのですが、さらに一〇年、一五年経つうちに、またもや古い治療を押し付けるようになる。常に一周遅れみたいな感じになるのです。

肩書は何十年も動きませんから、**教授という肩書を信じることの怖さがここにあります。**

もちろん、教授や医者になってからも常に最先端の海外の論文を読んだりして、勉強する人もたまにはいます。しかし、勤務医だったらとても忙しくて、日々の仕事に埋もれていく人がほとんどです。学問的な進歩はストップしてしまいます。

アメリカの場合は、教授になってからグラント（研究補助金）が集めやすくなるので、教授というポジションを得ることは本格的な研究のスタートラインに過ぎません。

一方、日本の場合、教授は〝上がり〟のポストです。

## ノーベル賞受賞者はすべての科目で優れているわけではない

世界で最も知られた賞はノーベル賞ですが、この賞は、それまで信じられていた考え方や知識をひっくり返した人が取る賞です。そういう意味ではノーベル賞は素晴らしい賞だと思います。つまり、上から言われたことを素直に信じている人が取れる賞ではないからです。

日本はこれまでにノーベル賞を大量に取ってきて（米国籍を含めて一八人）、自然科学の分野では韓国や中国はほとんど取れていないと下に見ているのでしょう。だけど、ノーベル賞は大抵は二〇年か三〇年前の研究に対して与えられる賞です。今は人口が日本の半分もいない韓国に論文の数で負けているわけです。油断していてはダメでしょう。

日本人がいかにノーベル賞学者のことが好きかを物語る好例が、二〇〇〇年に小渕恵三首相の私的諮問機関として設置された「教育改革国民会議」です。このとき座長に指名されたのが、ノーベル物理学賞受賞者の江崎玲於奈さんです。

江崎さんは単に物理学者であって、小中高でも大学でも教えたことがない。筑波大、芝浦工大、横浜薬科大と学長はやたらと経験していますが、教育面での実績は何もないと言っていい人です。首相の私的諮問機関とはいえ、そういう人にトップをやらせるわけです。

結果、「教育を変える17の提案」なるものを報告するのですが、「教育の原点は家庭であることを自覚する」とか「問題を起こす子どもへの教育をあいまいにしない」とか、錚々たるメンバーが集まっておいて、気が抜けるような提案なんですね。

その後も第一次安倍内閣においては「教育再生会議」なるものが閣議決定されて設置され、座長はノーベル化学賞受賞者の野依良治さんになります。本当に、肩書主義としか言いようがない。

これがアメリカなら、ノーベル賞の受賞者は四〇〇人近くいますから、ノーベル賞を取っただけで教育政策のトップになった人は一人もいないし、それ以前に彼らを教育の専門家とは誰も考えていないわけです。そこが日本とは大いに違うところです。大谷翔平さんを見れば分かりますけど、これまでにピッチャーとバッターを両方トップクラスで出来る人間なんかいなかった。やってみたらサッカーも同様に出来るかもしれない。こういう人は例外中の例外で何人もいません。しかし、専門外のサッカーのチームの監督に選ばれることはないでしょう。

ところが日本の場合は、物理でノーベル賞を取れば、算数、国語、英語、すべての教育のあり方を決定するトップになれてしまう。ノーベル賞受賞者は、どの科目でも賢い人だと思われているわけです。

一分野で異常に高い能力を示す人に発達障害が多く見られるという説があります。それはサイモン・バロン＝コーエンというケンブリッジ大学の精神科の教授が述べていることです。

コミュニケーションが苦手だったり国語的なことはぜんぜんダメなんだけれども、驚異的な数理能力を持っているとかです。何か一分野のことが異常にできたら、何でもできると考えるのはちょっと違うかも知れません。

## 高血圧にメタボリックシンドローム。日本で医学は宗教化している

日本人はけっこう理屈が好きです。そのせいか、宗教的なものを割とバカにしたり嫌ったりします。それなのに逆に、科学なんかが宗教化してしまっているところがあります。

特に**医学なんかはほぼ宗教になっている**わけです。先に述べた血圧がいい例です。血圧を下げることが絶対的な正義だと信じて、誰もそれを疑いません。テレビCMで、一三〇以上は気をつけろとか盛んに刷り込みをしているので、仕方ない部分もありますが。

健康常識の中で、メタボリックシンドローム（以下、メタボ）という勝手な病気を作って、太めであることの害悪がずっと言われ続けてきました。

ＢＭＩ（ボディマス指数：体重〔キログラム〕÷｛身長〔メートル〕×身長〔メートル〕｝で算出した数値）を二五以下になるように痩せさせたり、コレステロール値が高

い人にむりやり薬を押し付けたりします。

宮城県の郊外の街で行われた東北大学公衆衛生学グループの疫学調査研究による五万人規模の調査があります。

その結果は、ＢＭＩが二五から三〇未満のやや太めの人の平均余命が一番長く、四〇歳男性四一・六四年、同女性四八・〇五年でした。痩せ型（ＢＭＩが一八・五未満）の人がいちばん早死にで、男性三四・五四年、女性四一・七九年、というものでした。**痩せ型の人はやや太めの人よりも、六〜七年も早く亡くなっている**ことが明らかになったのです。

私たちは、太っていると体に悪いという思い込みが強烈すぎて、なかなかそこから脱却できません。

実際には、内臓脂肪は、どうやら免疫細胞を作っているという説が強くなってきています。太めの人のほうが栄養状態がいいから、高齢になっても強いし、結局、肉を食べている人のほうが元気だったりします。

コレステロールに関しても善玉悪玉とか呼んでいますが、それはあくまでも循環器内科的視点からの善玉悪玉にすぎません。いわゆる悪玉コレステロールは動脈硬化の原因で心疾患を引き起こすからです。

悪玉コレステロールはその一方で、免疫細胞の細胞膜の材料になったり、男性ホルモンの材料だったりもします。だから、**悪玉コレステロール値が高い人ほど、かえってガンにかかりにくいとか、齢を取っても精力的で元気だという側面もある**のです。

メタボというやつが、理屈通りにいかないもののいちばんの典型だと私は思っています。メタボという概念を日本で提唱したのは、当時の大阪大学医学部の松澤佑次先生です。

この先生は現在も日本肥満症予防協会理事長をしているにもかかわらず、一切痩せようとしない。おそらく本人は、痩せたら長生きできないと知っているのでしょう。

ところが、松澤先生の跡を継いだ大阪大学大学院医学系研究科の下村伊一郎教授は、とても痩せ型の人なのです。実際のところは分かりませんが、もしかしたら、師匠のメタボ理論を信じこんでいるために痩せているのかもしれません。

私は患者さんたちをちゃんと診ていれば、**太めの人のほうが長生きしているのは容易に分かる**ことだと思うのです。だから、「痩せなさい」などと言っている医者は、患者さんをちゃんと診ていない人の典型なんじゃないかと思ってしまいます。

実際、大阪大学と言えばもう一人の心臓外科の大家、澤芳樹名誉教授もやせようとなさっているようには見えません。

ところが内科の認定医の資格を保持するための講習会では、下村教授のような方がメタボの危険性を説いている（しかも質問時間がない）という実態があります。

## ステントを入れる日本の技術は世界一。大切なのは先生たちについての情報

試しに、心臓の冠動脈に狭窄が起きたために、血管を拡張する金属のステントを入れた人のことを考えてみましょうか。

私は基本的に齢を取ったら、**コレステロール値は無闇に下げないほうがいい**と考えています。

もっとも、ステントを入れた人の場合は、ステントを入れた部分の狭窄が再発（再発率は四～五パーセント）していないか、それと他の冠動脈が狭窄を起こしていないかを、きちんと経過観察することが必要です。

ただこれにも個人差があって、コレステロール値が高いと動脈硬化が進む人は一定数いるのです。その運の悪いほうに該当する方は、残念ながら薬を飲んでコレステロール値を下げたほうがいいでしょう。

でも、経過観察してみて、コレステロール値が上がろうが下がろうが、狭窄がその一カ所以外には進まないのであれば、薬を飲む意味はあまりないわけです。

ここで難しいのは、動脈硬化はコレステロールだけで決まるわけではないことです。薬を飲んでコレステロールを正常値以下にしておいても、残念ながら動脈硬化になりやすい体質というのもあるでしょう。すると、さらに狭窄が起きた場合には、もう一本ステントを入れる選択肢しかなくなることになる。

結局、それから先を薬で抑えられる保証はないことになります。

実は、冠動脈の狭窄に対してステントを入れるのが主流なのは日本の特徴でもあります。欧米などは、冠動脈バイパス手術をするのが主流です。逆に言えば、日本はステントを入れる手技は世界一いいとも言えます。台湾の李登輝元総統がステントを入れる際に、倉敷中央病院の医師が立ちあったくらいですから。術後の検査を受けるために、総統はわざわざ倉敷を訪ねています。

日本の冠動脈バイパス手術は、欧米に比べたら圧倒的に遅れています。肝腎なのは心臓を動かしたままバイパス手術をすることで、それが出来るのは、有名どころでは（今も手術が上手かどうかはわかりませんが）天皇陛下の執刀医として知られる天野篤先生とか、『ブラックジャックによろしく』のモデルになった南淵明宏先生とか渡邊剛先生とか、二〇人くらいしか日本にはいないと言われています。

バイパス手術はステントよりも、より根本的な治療に近いのですが、そうした腕のある先生にやってもらえるかどうかが難しい点です。

私は自分のいろんな本で心臓ドックを推奨しています。ところが、心臓ドックはエビデンスがない——、つまり、心臓ドックを受けても死亡率は下がらないと、多くの尊敬する先生方から言われるのです。

たしかに、手技が上手い人と下手な人の差はとても大きい。狭窄を見つけてステントを入れるのが上手い人に当たる、あるいはバイパス手術が上手い人に当たれば、命は救われます。それと同様に、上手い人に当たれば、心臓ドックは役に立ちます。

そこで**大切なのは、やはり先生たちについての情報です**。下手な人に当たると、心臓ドックの結果が最悪、死につながるのですから。**さらに言うと、昔の名医が今も名医とは限りません**。

理屈として死亡率を下げるかどうかというエビデンスと、手術が上手いか下手かというのは別問題です。手術が下手という事実の前では、死亡率が下がるというエビデンスも台無しにされてしまうわけですから。

やはり、エビデンス通りにはいかないですね。

## 心筋梗塞も糖尿病も
## 太っていたほうが長生きする

心不全について考えてみましょうか。

と言うのは、実は私は心不全です。心不全とは、心臓のポンプとしての機能が落ちてくる病気です。私の場合は、高血圧を放っておいたせいで心臓の筋肉が肥大しすぎて心室が狭くなってしまった。それで心臓喘息みたいになったのですが、利尿剤を飲んだら良くなりました。

今はほぼ症状はないですし、普通に歩けるし、青信号が赤に変わる前にダッシュをしても平気です。この心不全に関しても、医者からは「痩せなさい」と言われるわけです。太っていると悪くなると考えられているからです。

心不全の人は心不全イベントと言って、呼吸がヒューヒューしたり、息が切れたりします。

そこで実に興味深いのは、一九九九年頃から「肥満パラドックス」と呼ばれる研究論文が、山のように発表されていることです。日本の研究でも太っている人のほうが、痩せている人より心不全イベントが回避されることが明らかになっています。

韓国では一三〇万人の住民を九年間にわたって調査した研究が、二〇一七年に発表されました。
それらを総合しますと、**心不全だけではなく、急性肺炎、透析、肺気腫、心筋梗塞、ガン、脳血管障害、糖尿病などにおいて、痩せている人より太っている人のほうが長生きする。**

**肥満パラドックスは、まさにメタボリックシンドロームを真っ向から否定する調査結果なのです。**

データを取って統計を精査してみないと分からない本当のことが、たくさんあります。にもかかわらず、調査データを取る前に痩せたほうがいい、と指導するのが日本人です。これでメタボリックシンドロームなる用語の発案者が、どれだけ罪深いか分かるのではないでしょうか。

またしても統計が理屈を凌駕してしまいます。世の中は理屈通りにはいきません。

## 糖尿病の治療がアルツハイマーを促進する

糖尿病が出てきたついでに、興味深い話を一つしておきます。

現代医学では一般に、糖尿病の人はアルツハイマー型認知症になりやすいと言われています。九州大学が福岡県久山町で行った有名な研究調査では、「糖尿病の難治例、つまり薬やインシュリンを多量に使わなければいけないケースほどアルツハイマーになりやすい」という結果が出ています。

この調査はその定説を裏づけるものとして解釈されています。しかし、私は大いに疑問を持っています。

私が信じているのはその反対で、むしろ糖尿病の治療がアルツハイマーを生んでいる、ということです。

私が勤めていた浴風会病院では、「**糖尿病の人とそれ以外の人では生存曲線は変わらない**」ことがわかっていたため、「高齢者の糖尿病は積極的には治療しない」という方針をとっていました。

その方針の先にわかったことは、「**糖尿病の人のほうがアルツハイマーになりにくい**」ことでした。浴風会での三年間のご遺体の剖検では、糖尿病ではない人のほうが、糖尿病の人の三倍の確率でアルツハイマー型認知症になっていました。

脳にたっぷりブドウ糖が行きわたるほうが、アルツハイマーになりにくいのだと病院内では言われていましたね。

医学界の中で正反対のことが、実際には起きています。

糖尿病は血糖値をコントロールできなくなる病気のため、薬やインシュリンの力を借りて制御します。ところが、正常レベルまで戻してしまうと低血糖となり、脳に糖分がいかない時間帯ができてしまう。

これは脳にとっては大きなダメージで、アルツハイマーを進める一因となる、というのが私の仮説です。これは、浴風会のように糖尿病でも治療をしないでいるとアルツハイマーになりにくく、久山町のように全例治療をしていると糖尿病の人のほうがアルツハイマーになりやすいという結果から類推しました。

私はお腹が出ています。それでも好きなだけ食べています（笑）。糖尿病も高血圧もあるのに、割と食べるものはガマンしません。

肥満パラドックスを知っているからだし、糖尿病に関する右の仮説を信じているからです。太めの人のほうが脳に栄養も回っているはずと信じているということです。ドイツの首相だったメルケルが頭がいいのも、アメリカの今の財務長官のイエレンが頭がいいのも、その理由によるのではないでしょうか。

もちろん、痩せていても頭がいい人はいますが、それには二種類あると思います。

一種類目は食べているのに太らない人です。

二種類目は食べないせいで痩せている人です。それはあまり賢いやり方とはいえません。子どもだって、朝食を抜いたら成績が如実に下がるわけですから。

食べていないのに頭がいいのだとすれば、食べたらもっと頭が良くなるはずです。

私は痩せているほうが頭が良くないと言いたいのではなく、痩せていても頭のいい人は栄養をたっぷり摂ればもっと頭がよくなると言いたいのです。若い女性の痩せ願望が治まれば、もっと女性が東大に入る気がします。

## 日本の大学医学部がダメなのは栄養学を教えないところ

私は、「痩せ願望」というのは現代の纏足《てんそく》だと思っています。

纏足は中国の清代にはびこった悪習で、女性の足の甲を折り曲げてからぎゅうぎゅうに縛り上げて小さな足を作り上げた。小さな足が美しいという想念を多くの男が抱いたわけですが、ひょこひょこ歩きしかできない女性は完全に男性の支配下に置かれました。

纏足は性的に使われるものでもあり、男の妄想を搔き立てるものだったそうです。

纏足ほどとは言いませんが、現代にあって、女性が男性に勝てないようにするためには、「痩せているほうがいい」という想念を共有しておいたほうが、男性が絶対に得をします。

「太めのほうがいい」なんてことになったら、そうでなくても尻に敷かれているのに、女性たちはもっと頭がよくなって、もっと尻に敷かれるようになる。日本の男たちはそれを恐れているのかもしれません。

日本の場合は、大学医学部で栄養学がカリキュラムに入っていませんから、栄養の大切さは割とないがしろにされているわけです。

栄養学の重要さが如実に表れた例が日露戦争（一九〇四～〇五年）です。

当時、脚気は「国民病」と言われるほど流行して死に至る病でもありました。江戸から明治に時代が変わって、玄米から白米食が多くなり、ビタミン$B_1$が欠乏することで脚気は流行しました。年間で一万～三万人が亡くなったといいます。

特に同じ兵食を食べる軍隊内では、脚気によって兵士が次々と死んで大問題になったのです。戦傷者よりも脚気患者が多く出て、壊滅するような隊もあったようです。

日露戦争時に陸軍軍医のトップ（軍医部長、日露戦争後に軍医総監）だったのが森林太郎（鷗外）です。森は東京大学医学部を出たあとドイツに留学しました。当時、ドイツは細菌学で世界をリードしていたために、森も脚気は細菌による伝染病であることを疑わなかったわけです。

その結果、陸軍軍人には二五万人の脚気患者が出て、そのうち二万七八〇〇人以上が死亡しました。戦死者の総数は四万七〇〇〇人ですから、ひどいもんです。

ちなみに、ロシアによれば、日本兵は「歩行もままならない幽鬼のよう」だったと言われていますが、そのためにロシア軍の機関銃に次々と倒れた。

一方で、海軍の軍医の責任者だった高木兼寛は、留学先がイギリスでした。彼はイギリスには脚気も結核も少ないし、日本人より圧倒的に体格がいいことに着目しました。イギリスみたいになれば戦争に勝てるだろうということで、とにかく食事に注目して日本の海軍軍人に麦飯と肉を食べさせようとしました。

当時、日本で容易に手に入るのは豚肉しかありませんでした。日本人が食べられる味付けにしようとして発明したのが海軍カレーなのです。とにかく、麦飯と肉食の効果は抜群でした。その結果、脚気で死亡した海軍軍人はたったの三人です。

余談になりますが、われわれ日本人は、豚肉の入ったカレーやカレーうどんを食べていますが、豚肉入りのカレーは、実は世界中で日本くらいにしかありません。イスラム圏は当然食べないし、インドも豚は食べません。海外では、カレーというのは大概マトンかチキンです。

いずれにしてもそのカレーの発明が、後に農芸化学者の鈴木梅太郎が脚気に効く物質を米ヌカから取り出すのに世界で初めて成功することにつながるのです。一九一〇年のことでした。その物質をオリザニンと名付けたのですが、日本語論文だったので世界には広まらなかった。

その翌年に、ポーランドの生化学者カシミール・フンクが同じ栄養素を発見し、「ビタミン」と名付けたために、こちらのほうが有名になったのです。

日本の栄養学は世界に比べても優れていたのに、そのときの恨みかどうか知りませんが、東京帝国大学では栄養学を一切教えないことになった。いまだに日本中の医学部医学科で栄養学はほぼ正規のカリキュラムに入っていませんから、**日本の医者は、人間が栄養によって元気になることを知らない**わけです。

## 長生きするのにいちばん大事なのは栄養

もう一つ、日本人が医者によって信じ込まされているウソのいちばんいい例が結核にまつわることです。

戦前から一九五〇年まで、日本人の死因のトップは結核でした。結核は日本の国民病だったのに、ストレプトマイシンという抗生物質が発見されたことによって、日本人は結核という死に至る病から解放されたと信じ込まされています。

それはまったくのウソで、結核死が激減したのは戦後すぐから一九五〇年くらいまでです。結核で死ぬ人が激減しただけじゃなくて、結核になる人が減ったのです。ストレプトマイシンは結核になってからの治療薬ですから、なる人が減る説明にはなりません。

実際のところ、ストレプトマイシンは高価な薬だったので、市場に出回るようになったのは一九五〇年くらいからです。結核に対する生ワクチンのBCG接種が法制化されたのが一九四九年。一九五一年には、死因のトップはすでに脳卒中（脳血管疾患）に抜かれます。

ですから、結核が激減した理由は明らかに、一九四五年に米国の進駐軍が入ってきて日本人に脱脂粉乳を配り、タンパク質摂取が増えて免疫力が上がったからだと思います。栄養状態が良くなったお蔭です。

一九五一年から一九八〇年までの死因のトップは脳卒中です。一九八一年に悪性新生物（ガン）が一位に代わり、現在にいたります。

脳卒中が減ったのは血圧を下げる薬と、減塩運動があったからだと信じ込まされていますね。実際はそうではなくて、昭和三〇年代、四〇年代の日本人の食事は、肉も食べずに本当に粗食だったから、血管が弱かったところにも原因がありました。

当時は血圧が一五〇くらいでも脳卒中を起こしていました。今、脳卒中と言えばだいたい脳梗塞で、脳出血は激減しています。

繰り返しになりますが、皆さん、コレステロールを悪玉扱いしますけど、確かに脳梗塞の原因にはなるのですが、コレステロールには血管を丈夫にする側面もあります。**脳卒中の予防のためには、魚よりも肉を食べることが大事なのです。**現実に脳出血は欧米のほうが少ないのですから。

**長生きしたいとか、元気になりたいと思うのでしたら、やはりいちばん大事なのは栄養だ**と私は思います。最近、百寿者の研究とか出てきていますが、栄養状態がいい人が長生きで元気です。

高齢になったら粗食にしろとか、若い女の子にはダイエットをさせるような風潮ですが、これは亡国への道ですね。

## 日本の理屈とアメリカの理屈は異なるべき

アメリカで心筋梗塞が国民病だった一九八〇年ごろ、アメリカは肉食を減らせという運動を始めたわけですが、アメリカ人は一日三〇〇グラムも肉を食べていました。当時日本人全体は七〇グラム、沖縄の人は一〇〇グラム、ハワイの日系人が一二〇グラムでした。

その結果、日本人の中では沖縄の人が長寿で、沖縄の人よりハワイの日系人のほうが長寿でした。

心筋梗塞で死ぬ人が多い国で、肉食を減らせ、痩せろ、タンパク質を減らせ、コレステロールを減らせと薦めるのは、極めて妥当な話です。ところがガンで死ぬ人が多い国では、栄養をもっと摂れ、免疫力を上げるために肉食を増やせ、コレステロールを増やせということになります。

コレステロール値は、それが高い人ほど心筋梗塞になりやすいのですが、その一方で、ハワイの住民調査のように、コレステロール値が高い人ほどガンになりにくい側面もあるようです。

ある意味で理屈と理屈はぶつかり合いますが、少なくとも**健康に関しては日本の理屈とアメリカの理屈は異なるべき**です。もともとの体質も食生活もまるで違うわけですから。

ところが、日本の医者たちはアメリカの理屈をすごく信じる傾向にあるのです。

## 専門家の理屈は人間全体の理屈にはそぐわない

自宅のそばに訪問診療もしてくれる内科の先生が開業したとします。その先生は医学博士で、循環器内科専門医であると。さらに経歴を見ると、○○大学医学部附属病院、その後△△病院循環器内科医長と書いてあったら、普通の人はエラい先生が来てくれたと喜んで信用すると思うんです。

しかし、私ら医者だったら、この先生は循環器しか診られないんだなと思うでしょう。つまり、血糖値が高かろうが、胃が悪かろうが、風邪をひこうが、それらはすべて残念ながら、その先生にとっては専門外です。ついでにいうと、医学博士号の取得も九割近くが動物実験によるもので、人間に対するリサーチで取る人は圧倒的に少数派です。

専門分野を持つ医師は、自分の専門とする臓器に対して予防しようとしますから、循環器の先生は当然ながらコレステロール値を下げろと指導するでしょう。

私のような精神科はどうかというと、コレステロール値を下げたら、うつ病になりやすくなりますよとか、男性機能が落ちますよとか、免疫機能も下がりますよと言うでしょう。

もちろん、循環器の病気は軽く済ますことはできません。しかし、虚血性心疾患みたいな**特殊な持病がないのであれば、コレステロール値を下げる薬なんかさっさとやめたほうがいい**と、私は薦めます。

結局、**人間は総合的に見た時に健康になれるかどうかが大事**なわけです。

臓器別診療の問題点はそこにあります。ある臓器専門の医師がこれはやめなさいと言っていることが、総合的に見た場合に人間の体全体にとっていいのか悪いのかは分からない。

なぜこのようにして理屈と現実が乖離《かいり》してしまうかと言えば、**今の医学常識のほとんどが、ある臓器だけにとってのいいことを考えている**からです。

複数の臓器にまたがっていいものは、そんなにありません。

例を挙げれば、男性ホルモンの補充療法とか、女性だったら女性ホルモンの補充療法とかは、体を全体的に若返らせてくれるからお薦めできるとかでしょうか。

心臓が悪い人だったら、魚の脂のＤＨＡを摂ったほうが、変な循環器の薬を飲むよりもいいのではないかとか。それはＤＨＡが血液をサラサラにしてくれる（これは心筋梗塞の予防になります）以外に体の酸化を防止してくれるという、循環器以外にもいい効果があるからなのです。

## 高齢化が進めば進むほど総合診療医のニーズは高まる

そういう意味では、**社会の高齢化が進めば進むほど、臓器別診療の専門医よりも、いわゆる総合診療医のニーズが高まる**わけです。

イギリスなんかは、総合診療医と専門医の割合は五対五の同数を原則にしています。イギリスは、まず総合診療医にかからないと専門医に紹介してもらえない仕組みになっています。

医療費は健康保険で受診する限りでは、全国民がタダです。そのために、流入した移民で病院が溢れかえり、イギリス国民に不満が鬱積してブレグジット（EU離脱）を決断する要因の一つにもなったようです。

そのことはさて置き、イギリスの医療の悪い側面は、医療費がタダだからこそ、結構待たされる。それと、いきなり専門医にかかれないという側面もあります。

従って、そういうのが面倒な人もいるわけで、国民の二割くらいの人が生命保険などに入って、いわゆる自費診療のところに行くことになります。

逆に良い側面としては、矢鱈《やたら》と薬を出して国の医療費がどんどん膨らんでいる日本とは違って、薬はなるべく出さない。むしろ病気の予防に力を入れる。そのための生活指導はけっこう細部にまでわたるそうです。

イギリスの方針と似ているのが日本の長野県です。長野県は国保直営の病院が多い。国保直営というのは、自治体の国保の部門が病院を運営する形態です。普通の病院は患者さんが増えれば増えるほど儲かる。

ところが、国保直営の場合は、患者さんが増えるよりも、患者さんが減って保険を使わないようになるほうが金額的なメリットが大きい。だから、予防医学が優先される。長野県は予防医学が盛んな場所です。
国の医療費を根本的に減らすのでしたら、そうすべきでしょう。

## 車を運転するのなら飲んでいい薬は四種類まで

総合診療が尊重されるべきもう一つの理由は、齢を取れば取るほど一人で抱える病気が三つも四つも重なってくるからです。理屈に沿った診療ではなく、個人に見合った診療こそが求められます。

四〇代くらいまでの若い人だったら、血圧や血糖値は下げたほうがいいですとアドバイスしておいてもいいかもしれない。

若い人と比べてお年寄りのほうに低血圧・低血糖の害があると思うのは、齢を取ってくると血管の壁が分厚くなってくるので、血圧や血糖値を一定より下げてしまうと、頭がボーッとしてしまうことが多いからです。

**血糖値が少し高めのほうがブドウ糖は脳に行くし、血圧が高めのほうが酸素は脳に**

行くということがあります。

**若い人とお年寄りでは、ガイドラインを変えなければならない**と私は思っています。日本では、その両者に対してガイドラインがまったく同じです。

同じだとどのような問題が起きてくるのでしょうか。割とお年寄りに多い症状ですが、薬の副作用による意識障害が起きてきます。その代表的なものが「せん妄」と呼ばれるものです。

せん妄という意識障害は意外に多く起きるもので、入院患者にいたっては、二割から三割が起こします。

入院した途端に幻覚妄想状態になって、わけの分からないことを言い出すのはよくあることです。入院中だったら、すぐに手当てが受けられます。

在宅のときにせん妄が起これば、「ウチのおじいちゃんが急にボケた」という話になる。家族が気付いて医者に連れて行ったら、「これはせん妄です。薬をちょっと減らしてみましょう」と対処されるからまだいい。

車の運転中なんかにせん妄が起きると、せん妄は悪夢を見ているような状態ですから、追いかけ回されているような状態になることもあります。そういう時にはアクセルを踏んでしまうかもしれません。

せん妄のときは、意識が朦朧《もうろう》としているわけですから、外界が見えなかったり、幻覚が見えたりします。それが運転中だったら、ブレーキを踏まないで赤信号に突っ込んだり、登下校中の子どもの列にぶつかることは起こりうると思います。

池袋の上級国民と言われたおじいさんや五人を死傷させた九七歳の福島のおじいさんの事故も、意識障害の可能性は十分にあると思います。

被害に遭われた方たちは本当にお気の毒ですが、暴走老人じゃないけれども、その人たちは普段から危ない運転をすると言われていた人ではありません。普段は安全運転の人たちです。

それなのに、池袋の事故なんかでは信号を二つも無視している。「そのときのことを覚えていない」などと発言しようものなら、「ふざけるな」って誰もが思うでしょうが、意識障害だったら何も覚えていなくても当然です。

**高齢者が事故を起こすのは、多くの場合、いわば薬害だ**と思います。齢のせいの事故ではない。もちろん、だからと言って免責されるわけではありません。ただ、統計上は年齢が高いほど事故が多いわけではなく、むしろ若い人のほうが多いのです。

では、なぜ意識障害を疑わなかったか。

理由は二つです。一つは、特にテレビのコメンテーターになるような大学病院の医師たちは、せん妄のことをあまり知らないと言ってもいいくらい高齢者医療が分かっていない。もう一つ考えられるとしたら、テレビ局の製薬会社に対する忖度でしょう。

インターネットで運転禁止薬を調べると、風邪薬、安定剤などがそれに当たります。他に運転注意薬というものがあって、血圧を下げるとか血糖値を下げる薬は運転注意薬の扱いになっています。

つまり、血圧や血糖値を下げると、頭がボーッとすることが多い。そうした薬は併用されることが多く、ましてや五種類も同時に服用していたら、意識障害が起きる確率は極めて高いと言えるでしょう。

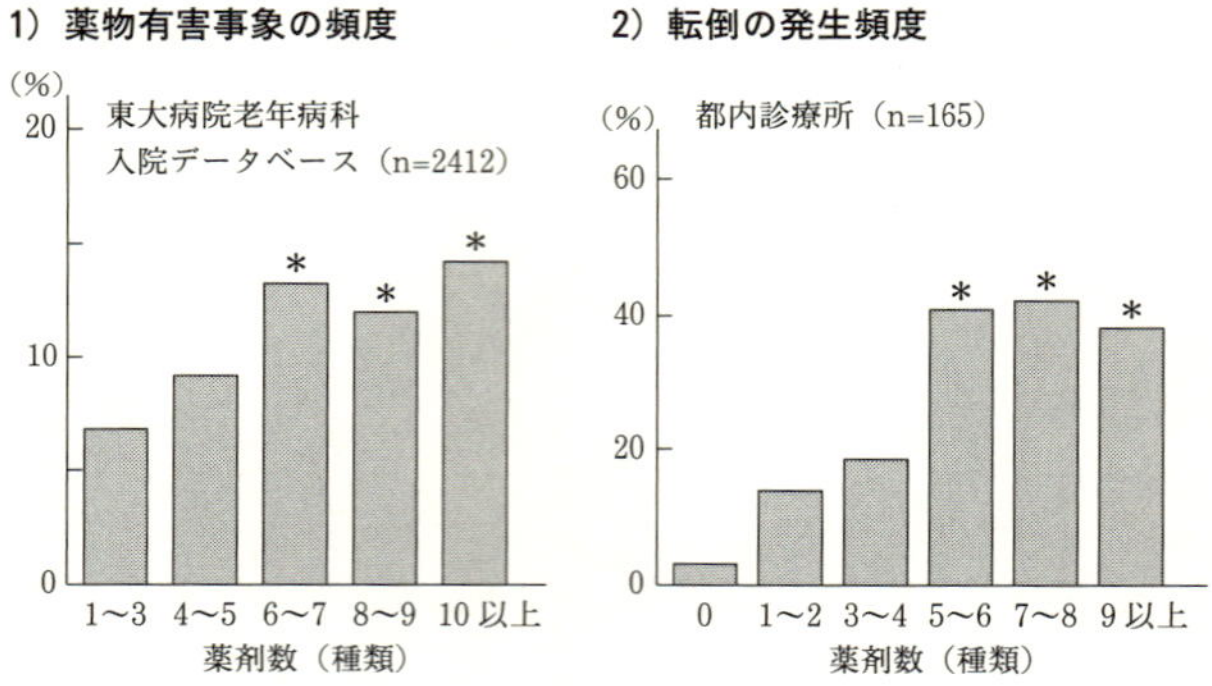


（Kojima T, et al: Geriatr Gerontol Int 2012; 12: 761–2. より引用）

（Kojima T, et al: Geriatr Gerontol Int 2012; 12: 425–30. より引用）

**【図表1】多剤処方と薬物有害事象および転倒の発生リスク**

【図表1】をご覧ください。これは多剤処方と転倒の関係性を調べたものですが、調査の対象になった都内診療所では、明らかに五種類の服用から転倒が増えています。

　薬の副作用は、一～三種類、四～五種類、六～七種類と、薬剤数が増えるに従って増えていくわけですが、転倒は五種類以上になると途端に増えます。転倒するのは、やはり足がもつれるか、あるいは頭が朦朧として転ぶかのどちらかです。

　しかも、このデータによれば、どういう種類の薬を飲むと転倒が起きるというのが問題ではなくて、もう**単に種類の多さだけで転倒が起きています。**

こういうことを誰も指摘しないこと自体が、異常なことだと私は思います。

このデータを作った東大の老年病科の医師たちが注意を促しているのは、**六種類以上は飲んではいけない**ということです。**運転をするのなら四種類までにしておかないとダメ**です。運転していなければ、せいぜい転ぶくらいで済みますが、運転中はやはり危ない。

欧米では高齢者の暴走運転はほとんど話題になっていません。なぜなら高齢者に多剤併用では薬を使わないからです。欧米ではよほどのお金持ち以外は、高齢者に多剤併用で薬は服用させません。

一〇種類も一五種類も薬を飲んでいるのは日本だけなのです。

## お年寄りの飲む薬の量と若い人の飲む量は変えなければいけない

もう一つ、高齢者への投薬で問題なのは、薬が体内にたまりやすいことです。

薬は飲んでから二〇~三〇分で血中濃度がピークになります。ピークを迎えてから大体一二時間くらいで、肝臓で分解されたり腎臓を通過して尿として出されたりして、半分の濃度に減る。それを血中濃度の半減期と言います。

ほとんどのお年寄りは、肝臓の分解機能も腎臓からの排泄機能も、若いころに比べて落ちているので、普通は、薬の血中濃度の半減期が延びます。

後生大事に一日に三回薬を飲んでいると、若い人なら分解されて排出されますが、お年寄りは体内にどんどん溜まっていきます。

ですから、**お年寄りの飲む量と、若い人の飲む量は変えなければいけない**と私は思っています。

仮に、一歳の子どもと一四歳の子どもが熱を出した時に、同じ量の薬を出す小児科医がいたら、そこには二度と行かないでしょう?

ところが、日本では六五歳で八〇キロある息子さんと、九〇歳で三五キロしかない母親に、同じ薬を同じ量だけ出す。そんなことでいいのだろうかと思います。

薬を出せば出すほど医者は儲かるからでしょと思うかもしれませんが、今は院外処方になっていますから一円も儲かりません。

では、なんでそういうことをしているのか――。医学部の教育が悪いのです。すべての症状に対して正常値にしなければならないという教育をするし、臓器別診療の教育を受けるから、薬がどんどん増えてしまうわけです。

それに対して総合診療的な発想ならば、一五種類も薬を飲んでいるなら、どうしても必要なものをせめて上から四種類だけ選びましょうとするでしょう。

**日常生活の活動レベルを落とさないように、最小限の薬にとどめておくのが、正しい薬との付き合い方**です。

## 医療に関わらないほうが人は長生きできる。フィンランドの恐るべき調査結果

フィンランド労働衛生研究所が一九七四年から一九八九年の間に行った有名な調査があります。その結果は「フィンランド症候群」として知られています。

どういう調査かと言いますと、四〇歳から五五歳の一二二二人の男性管理職をアトランダムに二つのグループに分けました。

最初の六一二人は、最初の五年間は定期検診を行い、医師が食事の管理を徹底しました。砂糖や塩分摂取、それからタバコ、アルコールや運動まできちんと管理しました。

残る六一〇人は定期検診もせず、アンケートに答えるだけで何の管理もせずに本人たちのやりたいように暮らしてもらった。

そして、一五年間の追跡調査のすえに出たのは驚きの結果でした。

医師が介入したグループでは、六七人が死亡。医師が介入しなかったグループの死亡数は、それより二一人も少ない四六人でした。

心臓疾患の死亡者は特に差が大きく出て、介入群では三四人、非介入群では一四人でした。

この結果から言えるのは、**検診を受けたり、生活指導をされたりするストレスがかえって悪いのではないか**ということなのです。

**医療に関わらないほうが人は長生きできる**ということに、医療関係者は愕然としたわけです。

この結果に関して、日本中の医者は、勝手にタバコを吸ったヤツがいたからだとか、細かい難癖をいろいろつけて批判しました。

日本の理屈っぽい医者の言い分は、データの取り方がおかしいとか、健康指導群の中に指導に従わなかったヤツがいるとか、薬をちゃんと飲んでいなかったヤツがいるとか、そういう難癖です。

そんなことを言い出したら、ありとあらゆる治験と呼ばれるもの——つまり、投薬群と偽薬群を設定する調査の意味がなくなってしまう。薬をちゃんと飲んでいなかったくらいのバイアス（偏り）は常にあるわけですから。

結局、結果についてどう批判しようと、死亡者の数字の差は明らかな事実です。やはり、人間は理屈通りにはいかないということを素直に受け入れたほうがいいと思います。

少なくとも、管理されて指導を受けた群のほうが、非介入の群の人たちよりも放埓《ほうらつ》な生活をしていたとは考えにくいのです。普通に考えたら、現実は調査結果のままなのでしょう。

理屈上で文句があるのでしたら、自分たちも日本で独自の調査をしてみればいいだけの話です。六〇〇人ずつの規模の調査だったら、日本でも簡単に行うことができます。管理群と非管理群の二グループで比べてみればいい。

何度も言いますが、理屈よりも現実のほうが正しい。私がずっと主張しているのはそのことです。

**日本の学者と称する人たちはその逆で、調査も実験もしないでおいて、理屈のほうが現実よりも正しいと信じ込んでしまっている。**データにいちいちケチをつけるよりも、自分たちが満足の行くような調査をして、それで反証するべきです。

## 病院に行けなくなった夕張市では病気で亡くなる人が減った

日本でも実際に、「夕張パラドックス」というものが起きています。

夕張市は住民の約半数が高齢者で、「高齢化率日本一」の市とも呼ばれた街です。

その夕張市が二〇〇七年に財政破綻して市民病院が閉鎖となり、病院に行く無料バスも廃止になった。田舎なので病院に行けなくなる人たちが非常に増えて、死亡者が増えるのではないかと予想されていました。

ところが結果は、いろんな病気で亡くなる人が減って、老衰だけが増えたのです。それが夕張パラドックスです。

もう少し詳しく言いますと、財政破綻によって夕張市内の病院で一七一床あったものが一九床に減り、専門医もいなくなりました。しかし、いろんな病気で亡くなる人も減った。

肺炎になれば、医者にかかって抗生物質を飲まなければならないわけで、病院に行けなくなったら肺炎の死亡率は増えて当然です。ところが、逆にその死亡率が減っているのです。

結局、女性のガンがわずかに増えたことを除くと、男性のガンも肺炎も心疾患も全部減ったことがわかりました。増えたのは老衰だけだったことが、夕張市が残した教訓です。

コロナ元年の二〇二〇年に関して言えば、コロナが怖くて受診控えが起きました。高齢者たちが薬をもらいに行くのをやめたり、高齢者に限らず多くの国民が医者に行くのをやめてしまった。病院側も救急車で運び込まれても、患者さんに発熱があると断ったりしました。

いろんな病気を診てもらえなくなるから、これはもう死亡者数が確実に増えると考えられていました。

ところが、**二〇二〇年度というのは、なんと一一年ぶりで死亡者数が前年度よりも減った年になった**のです。

普通に考えれば、高齢者の人口はどんどん増えていますから、死亡者数は毎年増えるはずです。確かにそれまでは、毎年二万人ずつくらい増えています。それが受診控えをした二〇二〇年には、死亡者数が減ったので、多くの医療関係者は驚きました(二〇二一年度からはまた増えるのですが)。

理屈では、医者にかかることによって死を減らすことができるとわれわれは考えてきたのですが、現実は逆でした。

実際は、医者にかかることによって、免疫力に悪影響があったり、ストレスがかかったり、薬の副作用があるのではないかと推察されるわけです。

ガンにしても、結局は治療したほうが亡くなるのが早いというのが近藤誠氏の説でした。

現実にそういうことが起きています。少なくとも、ガンに関して早期発見、早期治療を訴えてガン検診をやれと医師会も厚労省も躍起になっていますが、**先進国の中でガンによる死亡者が増えているのは日本だけです**。

欧米では毎年およそ五パーセントずつガンの死亡者が減っているのに、日本では増加が止まらない。それが現実です。

**医療にかかっていれば長生きできるというのは思い込みかもしれません**。病気があっても〝知らぬが仏〟の状態でいることが、意外に幸せなのかもしれないですよ。

それが医療における理屈と現実の乖離の最たるものと言えます。

## 偏差値の低い私立大学には腕のいい医者が集まる

覚えておいていただきたいのは、偏差値の高い大学ほど臨床を軽視することです。だから、**腕のいい医者は偏差値の高い大学では教授になれない**というパラドックスがあります。

どういうことかと言いますと、そういう大学では、教授になるには動物実験をやって論文を一生懸命に書かねばならないからです。当然、臨床にかける時間が少ない医者が多くなっていきます。

結局、偏差値と医者の能力が相関しないのは、例えば勉強ばっかりして東大医学部に入った人間は医者に向かないというのではなくて、偏差値の高い大学であればあるほどダメな医者が育ってしまうのです。

一方で、私立の医科大学などでは、附属病院に患者さんが来てくれないと困るから、腕のいい医者をスカウトしてくる。従って、**偏差値の低い私立大学のほうが腕のいい**

**医者が集まっている**現実があります。

私も自分自身の経験から言えることですが、いい先生に習ったほうがいい医者になれるものです。

私みたいに学生時代の六年間は遊びほうけて映画監督になりたいとか言っていた、いい加減な人間が、たまたま老年精神医学の中では日本で一番良い先生と思われる竹中星郎氏のもとで学んだから今の自分があると思っています。

とは言え、そういう先生でも医学部の教授にはなっていませんからね。

## ロクでもない医者が増えたのは入試面接のせい

最近は医者の態度が悪いとか、患者さん思いじゃない医者がいる、といったことが問題視されて、入試面接が導入されました。

その目的は大きく分ければ二つあって、一つはコミュニケーション能力がない人間を医学部に入れないこと。そういう人はちゃんとした医者になれないと。

もう一つは勉強だけが出来て、あまり医者をやる気がない人間を入れないことです。よく言われる話ですが、最近、東大医学部に入った人間が外資系コンサルティング会社のマッキンゼー&カンパニーとか、医学とはまったく畑違いのところに就職することが目立つようになりました。

実際に、二〇一一年の文科省のある議事録にはこうあります。

「マッキンゼーが東大医学部の学生に対して就職の説明会に来た。（東大医学部6年生の）100人の学生のうち、実は40人近くが参加しているんです。現実問題として、医者にならなかった学生も結構出ました」

「医者という仕事に余り夢を感じられなくなったから」

文科省も危機感を抱いて、本気で医者になりたい人間を取ろうということになった。その結論として、面接をしないと、勉強が出来てもヘンな人間が入ってくる、あるいは医者になる気がない人間が入ってくるというわけです。

しかし、入試面接というのは世間のイメージとはかなり違っていて、面接ですごく高い点を取ったからと言って医学部に入れるわけではありません。

入試面接は新設の私立大学医学部が昔やっていたことで、面接点で下駄を履かせて合格させる代わりに、五〇〇〇万円とか一億円の寄付金を出させていました。いわゆる裏口入学の手段として入試面接を使っていたのです。

それを文科省は一度ダメにしたのですが、ダメな受験生を選別するためには面接を使っていいとして復活させた。

ところが、医学部が入試面接をやることにはいくつか大きな問題がありました。

一つ目は、先ほどから申し上げているように、面接をする医学部の教授にそもそも問題があることです。教授たちとは動物実験ばかりやってきたような人たちで、人と向き合う臨床をおろそかにしてきた可能性の高い人たちです。

そういう種類の人間たちが、受験者を選別するのは根本的におかしい。

二つ目は、やはり教授に逆らいそうな受験者は落とされてしまう。その結果として、教授回診という大名行列に喜んで付いていく金魚のフンのような人間が合格するのです。

すると、教授の言っていることを信じて疑わないような学生が多くなる。彼らが教授になったころの古い医学を教わって、古い検査データ至上主義になってしまう。

この流れなら、高齢者が増えているのだから総合診療にしましょう、などという話にはなりっこありません。

三つ目の問題を指摘する前に、例えば私が東大医学部に入ったときは、自分は性格が悪いと分かっていたわけです（笑）。小学校時代もいじめられっ子だったし、アスペルガー症候群だし。だからこそ、少しでもコミュニケーションが出来るようにと勉強してきました。

ところが、今の入試面接を通過して医学部に入る人間は、自分は性格がいいというお墨付きをもらったと勘違いしているから、余計に悪い医者になるのです。

一八歳くらいのときにコミュ力があると判定されたからと言って、それがそのまま社会に出て通用するわけがありません。しかし、面接に通った学生たちは通用すると勘違いしています。その上、六年間の医学教育でコミュニケーション教育をする大学などほとんどありません。

要するに、**入試面接のせいで、逆に、ロクでもない医者が増えた**のです。それが三つ目の問題です。

## 入試面接の結果、殺人者が選ばれる

ちょっと前の二〇一四年に発覚したことですが、群馬大学医学部附属病院でひどい事件がありました。四〇代の男性医師が一八人を次々と死なせた事件です。腹腔鏡手術で八人、開腹手術でも一〇人という有り様でした。

中には、患者さんをガンではないのにガンと診断して、手術の結果死なせたケースもありました。この医師を放置しておいた大学側も最悪ですが、この医師はその都度、釈明をしていたといいます。

群馬大学だって面接をやる大学です。つまり、入試面接とは、腕は悪くて人を死なせてしまっても、誤魔化す能力だけがやたらと高い、そういう人間を入れるようなものです。

**入試面接なんか全部廃止すればいい**のに、今、八二の大学医学部全部でやられているわけです。

ついでに話を広げますと、日本の現代医療がおかしいとか、高齢者が増えたのになぜ総合診療にしないんだと思っている人は、私だけではないと思います。

しかし、医者の間で、「いまの大学の医学っておかしいよね」と（公然とした形でとくにマスコミなどで）批判する人間はほとんどいません。そういう声が私以外から聞こえてこないのはどうしてでしょうか？

それは自分の子どもを人質に取られているからです。医者というのは、大体、自分の息子や娘を医者にしたがるものです。受験の時には、例えば「和田〇〇」の名前で受けますから、これは和田の子どもだとバレてしまう。

面接の時に、面と向かっては、「和田さんのところのお子さんですか。お父さんは医学部を批判しているのに、どうしてあなたは医学部に来るの？」とはもちろん言いません。しかし、合格者を選ぶ時の会議では、親の話になりますから、当然、批判者の子どもは入れない可能性が高いでしょう。

少なくとも子どもがいる医者の多くはそれを心配しています。

従って、医学関係者で大学の医学を批判する人はほとんどいません。

そもそも論としては、**たかが三〇分くらいの面接で人間を選別できるわけがない**し、それができると思っている人間は精神医学用語で言うところのパラノイアです。

医学というのは一応科学ですから、ちょっと考えれば精神科の教授なんかが、「そんな三〇分くらいじゃ、人間のことは分かりませんよ」と反対すべきなのに、誰もそういう発言はしません。

なぜにそのような入試面接を文科省は認めるのかが、私は不思議でしょうがないのです。

普通に科学的な考え方をすれば、面接を受けた群と受けていない群に分けて、一〇年後とか二〇年後にどちらがいい医者になったかを追跡調査すればいいと思います。誰がいい医者かどうかを判定するかという問題は残りますが。

ところが、すべての大学で面接を受けさせるので比較のしようがありません。

## 血圧が高いほうが頭が冴えるのは事実

高齢者が理屈通りにはいかないのは、医学の世界では当たり前のことになっています。

私が勤めていた浴風会病院のことをお話ししましょう。

浴風会は大正時代の関東大震災で、子どもを亡くされたお年寄りの救護施設として出発した歴史があります。当時の東京帝国大学の内科教授だった稲田龍吉先生が、「日本初の公的老人介護施設ができるのなら老年医学の日本最初の研究施設にしては」として、診療所を併設し、東京帝大から四人の医師を呼んで専任にしました。

そのようにスタートした浴風会では、高齢者の健康診断を積極的に行って、データを蓄積していったのです。また、亡くなった方のご遺体を解剖して、本人や医師が気付かなかった病変を探していきました。

稲田先生は、平均寿命が四〇歳前後だったこの時代に、「これからは老年者が問題となる時代である」と予見されました。医療の進んだアメリカやヨーロッパにも、まともな老年医学はなかった時代のことですから、その慧眼ぶりには驚かざるを得ません。

こうして浴風会は、高齢者医療の分野で、世界の先駆けとなりました。この本にも浴風会病院で得た知見を取り入れています。

私が浴風会に勤めていた時に、ホームの入居者で喫煙群と非喫煙群に分けて、一〇年間の生存曲線を比較検討したことがありました。

結果は、なんと、**喫煙群と非喫煙群で生存曲線にまったく差がなかった**のです。

これには少しカラクリがあります。実はタバコを吸って早死にする人は高齢者になる前に亡くなっているからです。

生存曲線を報告する論文には考察が書かれています。タバコは体には悪いのだろうけれども、ホームに入る六五から六九歳までタバコを吸って生きてこられた方たちは、何らかの形でタバコに強い体質なのだろう。だから、差がないのだと。

その考察が正しいかどうかは分かりませんが、齢を取ってくると、理屈通りにはいかないことはままあります。例えばタバコを吸っているのに一〇〇歳まで生きたとかいうケースです。

少し前にも、八七歳の現役のデイトレーダーで、「日本のウォーレン・バフェット」と騒がれていて、二〇億円の資産を築いた人と対談したことがあります。

驚いたのは、その人の血圧が二四〇もあるということです。

今、日本の医学会は血圧を一三〇以下に誘導しようとしているけれども、**血圧が高いほうが頭は冴えるという事実は間違いなくある**わけです。この藤本茂さんにお会いした際に、血圧を下げると株の勘がにぶるとおっしゃっていました。

血圧が高いのと低いのとどちらがいいかに関しては、基本的に高いほうが絶対に悪みたいな刷り込みをされていますね。

私も血圧が五年ほど、彼と同じように二〇〇を超えていました。私の場合、心肥大が見つかったので、降圧剤で必死に一四〇まで下げたら、頭がぼんやりして仕事になりません。

今も血圧の薬を飲んではいますが、一七〇でコントロールしています。それがいいかどうかはまだ分かりませんが、私は自分の体で実験をしているつもりです。

## 海外で確認されたエビデンスがそのまま日本に当てはまるとは限らない

血圧一七〇で平気かどうかは私も分かりませんが、第1章で紹介したアメリカで行われた調査では、少なくとも一七〇を放っておいた人の九割は脳卒中にならないのです。それならば、薬を飲まないほうに賭けるという手もあります。

そのほうが頭も冴えるし、酒も飲み続けることができるし、塩分を気にしないで飯も食えるし、QOL（クオリティ・オブ・ライフ）的には圧倒的にいいと私は思っています。

血圧は脳や体の末端に血が行くためにあるわけです。血圧が高いほうが明らかに脳の調子はいいはずです。

人生の質（QOL）を取るのであれば、血圧が高めのほうが私はいいと思います。血糖値だってそうです。脳にブドウ糖を行かせたければ、血糖値は高いほうがいいはずです。

とは言え、血圧や血糖値はトレードオフの関係にあって、脳卒中になりやすい代わりに頭は冴えるということではありますから、寿命がどうなるかは分かりません。そこは気を付けてください。

大きな問題は、アメリカだったら薬を飲んだ群と飲まない群に分けて、五〇〇〇人くらいの大規模調査を行うのですが、日本にはそうした調査が一つもないことです。**海外で確認されたエビデンスがそのまま全部、日本にも当てはまると信じているのが日本の医者です。**何度も言いますが、海外のエビデンスといえども、日本人の食生活と体質に対して当てはまるかどうかは分かりません。

私が浴風会病院にいた時によく医者たちの間で、「患者さんが齢を取ると、われわれが持っていた医学の常識通りにはいかないよね」と話していました。

さきほどの話の通り、脳卒中になる可能性を下げるためには血圧を下げたほうがいいけれど、味気のないものをずっと食べて我慢したり、お酒も我慢していたりすると、今度はそのストレスで免疫力が落ちてガンで死ぬかもしれないわけです。

その時に考えなくてはいけないのが、日本人の場合、出血性脳卒中（脳内出血とくも膜下出血）で亡くなる人の一〇倍くらいがガンで亡くなっていますから、それならば、脳卒中とガンのどちらを取るのかの問題になります。

全部をトータルで考えてみる必要があります。

もちろん、私が血圧一七〇で試しているとか、血圧二〇〇をはるかに超えていても平気なデイトレーダーのおじいさんがいるとか、そういう例はすべての人に当てはまるわけではありませんので気をつけてください。

私が申し上げたいのは、患者さん側からすれば、個人差というものがあるのだから、医者の言うことが全部正しいわけではないということ。**医者が言うことは、ある確率の話にすぎない**のです。

《第2章が教える生き方のヒント》

◎痩せ型の人はやや太めの人よりも、六〜七年も早く亡くなっている。

◎大切なのは、どの先生が上手いかという情報。

◎心不全だけではなく、急性肺炎、透析、肺気腫、心筋梗塞、ガン、脳血管障害、糖尿病などにおいて、痩せている人より太っている人のほうが長生きする。

◎メタボリックシンドロームは忘れるべき罪深い用語だ。

◎糖尿病の人のほうがアルツハイマーになりにくい。

◎脳卒中の予防のためには、魚よりも肉を食べることが大事。

◎長生きしたいとか、元気になりたいのなら、いちばん大事なのは栄養だ。

◎人間は臓器別ではなく、総合的に見た時に健康になれるかどうかが大事。

◎若い人とお年寄りでは、治療のガイドラインを変えなければならない。
◎転倒、せん妄を避けるために、薬を五種類以上は飲んではいけない。
◎日常生活の活動レベルを落とさないように、最小限の薬にとどめておくのが、正しい薬との付き合い方。
◎医療にかかっていれば長生きできるというのは思い込みかもしれない。
◎血圧が高いほうが頭は冴えるという事実は間違いなくある。

# 第3章

# 日本復活のカギは高齢者にある

## 高齢者がこんなに頭のいい国は他にちょっとない

高齢者が増えれば増えるほど国が衰える――。それが定説になっていて、みんなも信じているわけですが、私はそうではないと思っています。

高齢者には生産性がないとか言いますが、日本ほど高齢者の知的レベルが高い国はありません。

団塊の世代（一九四七〜四九年に生まれた世代）は、出生数で八〇六万人。一学年あたり二六〇万人以上です。二〇二四年の小学校一年生の人数は約九六万人ですから、約三分の一です。

団塊の世代は、今より大学そのものがずっと少なかったし、いちばん過酷な受験地獄を経験している人たちです。

甲高い声で知られたジャパネットたかたの高田明初代社長ですが、彼は一九四八年生まれの団塊の世代で、大阪経済大学を卒業しました。息子である二代目は東大を出たので、ネット上などで父親との学歴の差を冷やかす人間がいます。

お父さんの時代は、大学進学率が約一五パーセント（短大を含めても約二〇パーセント）で、空前の受験競争を経験しているのですから、大阪経済大学の学力で今の東大とは言わないけれども、早慶くらいは受かったのではないか。すると、早慶出の親の子が東大に受かってもぜんぜん不思議ではないはずです。

何が言いたいかと言うと、お父さんの時代は大卒というだけで大したものだったことです。**高齢者がこんなに頭のいい国は他にちょっとない**のです。年功序列と終身雇用、そして高額の退職金のお蔭で、**高齢者がこんなにお金を持っている国もありません。**

お金持ちの高齢者がどんどん消費をしてくれれば、日本の不景気はかなり早く解決するはずです。

その流れで、トヨタであれパナソニックであれ、高齢者向けの商品を真面目に開発するようになって、日本の高齢者向け商品は世界一だよねとなることを目指せばいいのです。

国際競争力とは価格競争力だと思っていたからこそ、円安に大喜びするわけですが、クオリティで勝負するのであれば、円安だろうと円高だろうと関係ありません。

逆を考えればいいわけで、いくらユーロが高い時代でも、輸入品であるエルメスやメルセデスやポルシェは売れてきたわけでしょう。

しかもこの高齢化は日本だけではありません。一〇年後、二〇年後にはアジアの多くの国で高齢化が進みます。

そうした状況を踏まえても、海外から見て、**日本の高齢者向け商品は世界一だとなればどんどん売れて、日本は再び競争力を取り戻す**だろうと私は思っています。

そのためにいちばん大事なことは、**高齢者のことを厄介者のように見るのをやめることです**。

大体、昔と違って、今の七五歳というのは、明らかに元気です。高齢者の定義を変えればいいだけの話です。高齢者の数が増えないようにする高齢者の定義の仕方だってあるはずです。そうすれば、未来永劫《えいごう》にわたって高齢者は増えません（笑）。

## 日本を復活させるカギは相続税を増やすこと

高齢者が増えるほど国が落ち目になるとか、国力が弱まるとかいう言説は、私はバイアス（偏見）だと思っています。

高齢者にはやはりお金を使ってもらいたい。そのためのいちばんいい方法は、相続税を大幅に増やすことだと私は思います。

相続税を高くしたら、高齢者は外国に逃げていくと予言する人がいますが、それはウソじゃないでしょうか。高い相続税がイヤだからと言って、老い先短くなってから、四季がなく治安も悪くご飯もマズい外国へわざわざ移住しますか？

シンガポールを例に取りましょうか。まず、四季がなく一年中暑いことが嫌になる。旨い店もあることはあるけれども、日本と較べたら圧倒的に少ないし高い。治安はそれほど悪くはないけれども、とにかく総合すると飽きるようです。

二〇代、三〇代で高い税金が嫌だからと言って、シンガポールに逃げるのはまだ分かります。とはいえ、その人たちの多くは日本に戻っているようですが。

相続税なんて、一〇〇パーセントまで上げたって、逃げていく人はそんなにいないと私は思います。いたとしても、ごく一部でしょう。


何度も言いますが、問題なのは、高齢者を消費者扱いしていないことの現実です。

二〇二三年、日本で六五歳以上の高齢者が総人口に占める割合は、二九・一パーセントと過去最高で、それは同時に世界最高なのだそうです。

医療の世界でも患者さんの六〇パーセントは高齢者です。それなのに、専門分化型で若い人向けの医療が続いているのは、あまりにもおかしなことです。

私は高齢者をテーマにした本をたくさん書いていて、二〇二二年は『80歳の壁』という本が売れました。出版社の人たちはウチにも本を書いてくださいとたくさん来られましたが、テレビ局やラジオ局が高齢者向けの番組を作りたいからとお願いに来られたことは一度もありません。

健康食品の会社は何社か来られても、パソコンとかスマホのメーカーが、「高齢者向けの商品を開発したいから、協力して下さい」と頼んで来られたことは一度もありません。

それほど世の中は高齢者の消費力を分かっていないということなのです。

理由はこうです。総人口の二九パーセントが高齢者で、個人金融資産の六〇パーセントを高齢者が持っている。その額は一二〇〇兆円と言われています。年金も含めて考えた時に、**一般の高齢者は決して貧乏ではない**。少なくとも資産ベースではそうです。

可処分所得ベースで考えても、年金と企業年金を合わせて三〇万円くらいの人が多いでしょう。それだけなら貧困層かもしれません。しかし、家のローンが終わって教育費もかからなければ、可処分所得の三〇万円は結構な額だと思います。

それなのに、高齢者を消費者扱いしない現実はどう考えてもおかしいわけです。

私は自分の本が売れたのに、どのメーカーも、どのテレビ局も何も頼みに来ないのは、単にその人たちの嗅覚が鈍いのだと考えるようになりました。そのために高齢者がお金を使いたいと思うものを生み出せていないのです。老後のお金が心配だからと言って、高齢者がケチで消費が盛り上がらないわけではありません。

それが証拠に、星野リゾートが七〇歳以上限定で温泉旅館に年間一二泊できるサブスクリプションを始めたら、あっという間に完売したそうです。高齢者も大いにお金を使うのです。

以前よりは、子どもに財産を残さなくてもいいやと思っている人が増えたことも大きな影響があるのでしょう。

今の日本では、一人っ子同士が結婚するケースが多くなっていますね。すると、離婚でもしない限りは、一夫婦で二つの家を継ぐことになってしまう。しかも親が五〇代や六〇代で亡くなっていた昔と違って、親が亡くなった時に子どもは六〇歳を過ぎています。

お金が入ってきた時には嬉しいかもしれませんが、使わないお金がどんどん次の子どもたちに引き継がれていくことになります。

昔の古い相続の考え方を変えなければダメでしょう。長寿の社会になればなるほど、常識を変えていかなければなりません。

## 上から一割を高齢者と呼べばいい

さきほど高齢者の定義の仕方を変えればいいと述べましたが、**いくつからが高齢者なのかは、非常に重要な問題**だと思います。

高齢化社会に関しては、六五歳以上が何パーセントを占めるかで次のように分類されています。

・七～一四パーセント：高齢化社会
・一四～二一パーセント：高齢社会
・二一パーセント以上：超高齢社会

日本はさきほど触れましたが、すでに二九・一パーセントと世界最高の超超高齢社会になっています。

日本が高齢化社会になったのは一九七〇年です。高齢社会が一九九四年、超高齢社会が二〇〇七年。やはり、一九七〇年当時にしてみれば、六五歳は結構な齢だったのだと思います。

高齢者を心理的に考えたときに、自分よりも年上がどれくらいいるか、年下がどれくらいいるかで高齢者感が左右されるという説があります。

今の日本は四〇代でも若者だと思っている人たちがまあまあいるわけです。どうしてかと言うと、今の日本人の平均年齢が四八から四九（四八・四）歳だからです。二〇二四年には五〇歳で、自分より上と下が同じ数だけいるようになります。だから四八歳でもヤングの気持ちでいられる。

ところが、一九五〇年当時は、日本人の平均年齢が約二七歳だったのです。二七を過ぎたら老けを感じて、二五歳を超えても結婚していなければオールドミスなんて呼ばれていました。二六、七歳で一人前扱いをされて、係長とかになっていました。人間には、相対年齢が意味を持つことがお分かりでしょう。

心理的な意味での高齢者とは、もちろん顔つきとか体の弱り方とかもあるのですが、自分よりも年上がどのくらいいるかによると思います。

今みたいに、六五歳の人にとってみれば、自分よりも年上が三割、年下が七割という状態ですから、自分の齢をそんなには感じないはずです。体力年齢とか健康年齢とか言いますが、少なくとも六五歳の役者さんやタレントを見て、おじいさん、おばあさんとは感じないわけです。

私の先輩の老年医学の先生が、「**上から一割を高齢者って呼べばいい**じゃん」と提案したことがあります。自分よりも下が九割いて、自分よりも上が一割しかいなければ、やはり「年寄り」と感じるのではないかと思います。

そしたらちょうど二〇二三年、八〇歳以上の高齢者が一〇・一パーセントとなって、初めて一〇パーセントを超えました。その定義でいけば、八〇歳でようやく高齢者となります。

## お金を使えば使うほどエラいのが資本主義

この高齢者なるものですが、今の若い人たちは年寄りのことをきちんと見ていません。

免許返納を例に取りますと、現在の日本国民が免許返納をする平均年齢は七三・七六歳（二〇二一年）ですが、七五歳を区切りにしました。七五歳以上だと、免許更新の際に約三〇分の認知機能検査を受けなければなりません。

七五歳ってとても元気な人が多いにもかかわらずです。なんでこの齢で認知機能検査をパスしなければ免許証を取り上げられるのかと、当事者たちは思っているはずです。

これは推測なのですが、テレビに出てコメントしている人たちというのは、おそらくは核家族で育っていて、古い年齢感覚を引きずっているのではないか。高齢者の実相がよく分かっていないように見受けられます。

免許返納の騒動なんかを見ていると、世の中全体が高齢化しているという事実が忘れられているのではないかと思います。

社会の高齢化はあくまでも、高齢者をどのように定義するかによって決まってくる話です。今のように六五歳から七〇歳に年齢を引き上げて、それによって働ける期間が長くなるのならば、国が年金を支払う年齢が遅くなってもいいのではないかという議論もありますが、それ以上に労働力不足が解消します。

資本主義をみんなが勘違いしているのです。お金を持っている人間がエラいと思われがちですが、それはまったく違います。**お金を使えば使うほどエラいのが資本主義**だと私は思います。

お金を持っているだけで使わないヤツっていうのは、若いうちはどうか知らないけれども、齢を取ってもそれをやっていたら人が寄ってきません。

時代は明らかに、高齢者を「再定義」すべき時期に来ているはずです。日本老年医学会も、高齢者の定義を六五歳から七五歳以上へ引き上げるとともに、次のような新しい区分を提案しています（全て二〇二三年度の数値）。
・六五～七四歳「准高齢者」約一六一八万人
・七五～八九歳「高齢者」約一七三二万人
・九〇歳以上「超高齢者」約二七三万人
准高齢者は「プレ・シニア」のことであって、高齢者を指すわけではないことに注意してください。

この新しい区分を導入すれば、これまで高齢者とされていた准高齢者は抜けることによって、高齢者の人口はおよそ半分に減ります。

## 高齢者は免許証を返納する必要はない

世の中は理屈通りにはいかない。その認識を深めるべきです。

しかも、理屈だけで終わるわけではありません。理屈通りに物事を進めようとすると、やはり被害者が出てしまうのです。薬だって副作用もありますからね。

**原付以上運転者（第 1 当事者）の免許保有者 10 万人当たり**
**交通事故件数（2023 年）**

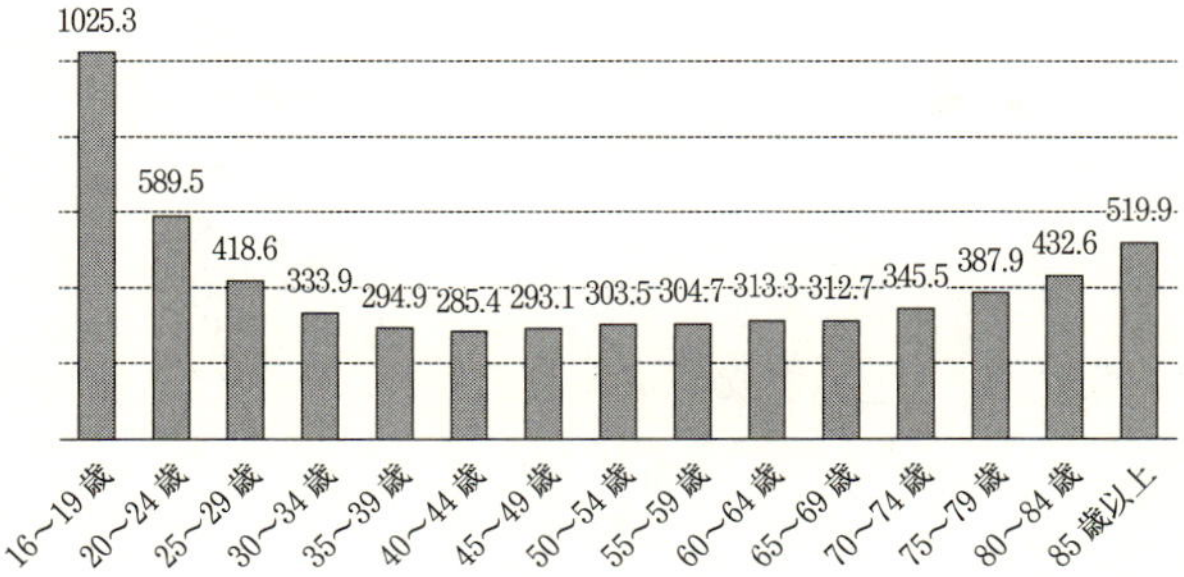


**【図表 2】高齢者の事故は多くない**

ゼロコロナのときもそう思ったのですが、どんなものにも害はあるわけです。自粛生活や自粛政策にも害がある。ワクチンにも害がある。

理屈通りにはいかない良い例が、さきほど触れた免許証の返納です。もう少し詳しく考えてみます。

私の著書『80歳の壁』で、もっとも高齢者に支持されたのは、「**高齢者は免許証を返納する必要はない**」という件《くだり》です。

高齢者の事故の理屈と現実についてお話ししますと、【図表2】をご覧ください。

二〇二三年の警察庁のデータによれば、高齢者の事故率は、人口一〇万人当たりで考えた場合でも決して多くはありません。むしろ、一〇代、二〇代のほうが多いのが現実です。さすがに七五歳を超えるとちょっと増える傾向にはあります。

八五歳以上の運転者が第一当事者である事故に特徴的なのは、他人をはねているのではなくて、車両単独と言って、自分が犠牲になることが多いのです。

八五歳以上の死亡事故は一〇万人に一一・四件で、その一八パーセントが人をはねる事故です。つまり、人をはねる死亡事故は、一〇万人に二件ですから、五万人に一件です。はねていない人が五万人中に四九九九九人いるわけです。

大麻で問題を引き起こした日大アメリカンフットボール部の場合には、一一人が大麻をやっていて、残りの約一〇〇人が連帯責任を取らされました。

高齢者の事故に関しては、一人が人身事故を起こすせいで、四九九九九人が連帯責任を取らされていることになります。この比率から見れば、高齢者に対しては非常に厳しい措置と言えます。

問題は、六五歳以上の人が免許証を返納すると、要介護率が二・一六倍になってしまうことです。これはバカにならない数字で、仮に一〇〇万人の要介護者が増えれば、それだけで年間二兆円のコストがかかります。

社会保障費の増大という意味では、軽く見られないような金額です。

高齢者に免許証を返せと言っている人たちは、それだけの国民の負担増まで考えているのかどうかが問題です。

理屈通りにいかないもう一点は、実は高齢者でニュースを騒がす大事故を起こしている人は、みんな認知機能検査をパスしているのです。池袋の上級国民と言われたおじいさんだって、五人を死傷させた九七歳の福島のおじいさんだってそうです。

私はたぶん三〇〇〇人くらい認知症の人を診ていますけど、**ボケている人は意外に事故を起こしていないし、事故の被害にもあっていない**のです。どんなにボケていても、車の前方に人が見えたらわざとそっちに向かって行ってはねるようなことはしません。

認知症の人のほうがかえって怖がりです。徘徊していても、車が通ると怖いから逃げるんです。土手から落ちてけがした人はいますよ、何人か。だけど、私の診ていた認知症の人で、車にはねられた人は一人もいません。

認知症の人が攻撃性を持つことはあります。噛みつくとか叩くとかです。じゃあ、認知症の人に刃物を持たせたら、それで人を刺すかと言えば刺さないわけです。

世の中は認知症の人に対して勝手なイメージを抱いているかもしれませんが、知的機能が落ちたら悪いことをするかというと、必ずしもそういうわけではありません。

## シルバー民主主義なんかはどこにもない

シルバー民主主義についてお話ししましょう。理屈の上では人口の三割の高齢者がいて、有権者の四割を占める。しかし、投票率が高いから五割くらいの影響力がある、というのがシルバー民主主義の意味するところです。

そのせいで日本の活力がそがれたり、年金問題に解決がつかないとか言われていますが、そんなものはシルバーのせいでも何でもないでしょう。

それどころか、年金受給開始年齢はどんどん遅らされているし、自動車免許に関して世界で唯一高齢者に認知機能検査を義務付けたり、ちっとも高齢者に気遣っていないのが現状です。

外国から見たら、**この国は、露骨に高齢者差別をやっている**わけです。老害化する前に「高齢者の集団自決、集団切腹みたいなことしかない」と言い切った経済学者もいました。

その発言はネットでさんざん批判されましたが、彼はテレビに出続けていました。最終的には彼が出演したキリンの缶チューハイのＣＭはお蔵入りになりましたが、それまではさほど騒ぎにはなっていませんし、テレビ出演はすぐに復活しました。

試しに高齢者をＬＧＢＴに置き換えてみてください。これがどれほどの暴論かがはっきりします。「ＬＧＢＴの集団自決、集団切腹みたいなことしかない」だったら、どうですか？　もう二度とテレビには出られないですよ。高齢者をターゲットにしたからと言って、許されることではないでしょう。

こんなことは、杉田水脈《みお》氏でさえ言いません。生産性がないとは書いても集団自決しろとは書かないでしょう。

こんな差別がまかり通っていて、どこがシルバー民主主義なんだと言いたい。

ついでに言うと、高齢者のうつ病は高齢人口の五パーセントとされていますから二〇〇万人近くいます。その一割くらいの人は慢性的に死にたい、お迎えがきてほしいと思っています。このような発言が自殺の背中を押すことは十分に考えられます。

この発言を耳にした人が一〇〇〇人くらいは自殺するんじゃないかと思うと背筋が寒くなります。


シルバー民主主義と批判するわりには、高齢者に冷たい社会だなあと思うことがあります。

一九七〇年前後は交通事故が盛んに問題になって、年間二万人近くが交通事故で亡くなっていました。その時に歩道橋をたくさん作りました。

それがいまだに放置されたままだから、高齢者が増えているにもかかわらず、歩道橋にエレベーターやエスカレーターもないのです。

ついでに指摘すれば、欧米と比べたら、歩道はせっかくあるのに、そこにベンチがほとんどありません。

高齢者はちょっと歩くと疲れて、ベンチでよっこらしょと腰かけたいのに、それも出来ない。高齢者に優しい街にぜんぜんなっていません。

歩道を広げたり、花壇を作ったり、草木を植えたりはする。でも高齢者が座る場所は用意しない。新しく小さな公園を作っても、ひどいところはベンチがなかったりします。

高齢者を知らない人にはありがちですが、齢を取れば取るほど下りの階段が怖くなります。下りの階段を下りる筋肉のほうが先に弱るからです。上りはしんどい、それ以上に下りは怖い。

それなのに、エスカレーターが一つしかないところは、ほとんどが上りです。

ＪＲを見ても民営化したはずなのに、東京駅なんかはひどいものですよ。店はやたらと増えたけど、エスカレーターとエレベーターは全然足りない印象が強いです。

社会のいろんな場面でシルバー世代がぜんぜん大事にされていないのに、どこがシルバー民主主義なんだと私は言いたいですね。

## 高齢者はすっかりITに馴染んでいる

私の『80歳の壁』は累計八〇万部ほど売れたのですが、その前の『70歳が老化の分かれ道』も売れました。

それまでは、年齢をタイトルにした本は売れないとか、高齢者向けが露骨に分かる本は売れないと言われていました。しかし、むしろ逆なのではないかということで、最近は年齢をタイトルにするようにしたのです。

私自身いま六四歳ですが、高齢者の良さを再発見しています。

私は幸か不幸か、精神科医になりたての時に、東大闘争の名残がある精神科医師連合の新左翼の人たちが牛耳っている自主管理病棟に行くことになりました。そこで精神障害者解放運動とかを手伝わされて、あまり合わなかったからすぐに辞めました。

ただ一つ感心したのは、全共闘世代の人たちは私らよりも本を読んでいたことです。みんな当たり前のようにして、マルクスの『資本論』からはじまって、ヘーゲルの

『精神現象学』やハイデッガーの『存在と時間』などの哲学書を読んでいました。

今の高齢者はもともと本を読んで育ってきた人たちですから、彼らに本が売れるのは自然なことです。

私の『80歳の壁』は、Amazonで瞬間的とは言え一位になったりしていますから、高齢者も意外にECサイトで本を買うのです。

Kindleもまあまあ売れたので、やはり字が大きくなるKindleも高齢者は買うことが分かりました。高齢者はすっかりITに馴染んでいるわけです。

ですから、出版社の人が思い描いている高齢者像と現実の間には、ズレがあります。ここでも高齢者に対するバイアスがあるわけですが、それはもう現実を反映していません。

## マスコミが気づいていない高齢者にまつわるバイアス

もういい加減、経営者やテレビ局・ラジオ局の人たちも、そのバイアスに気が付くべきです。

タクシーに乗った時に、モニターでＣＭを見ますでしょう。私の印象ですと、タクシーの利用者は四〇代くらいの人よりもお年寄りのほうが多いと思います。足が疲れるから、ちょっとした買い物とか病院に行くのに、頻繁に使うのは高齢者です。

それなのに、タクシー広告はほとんどがＤＸ（デジタル変革）で、高齢者向きとはとても思えないものばかりです。

高齢者向きの宿とかグルメとか、量が少なくて品数を増やした懐石料理とか、そういうものをやればある程度は流行るんじゃないかと思いますけど、ぜんぜんその種の広告は流れません。マーケティングをまるで間違えているとしか言いようがない。

再三お話ししてきましたが、高齢者をきちんとお客さんとして見るかどうかは大きなことなのです。

「80歳の壁」が『現代用語の基礎知識』の流行語にノミネートされたかと言えば、そんなことはありません。『80歳の壁』は年間一位の売り上げだったし、ベストセラーでマスコミにたくさん取り上げられたにもかかわらずです。

大賞には選ばれないとしても、三〇個のノミネートにすら入っていないとは、出版元の自由国民社やスポンサーのユーキャンというところは、高齢者を視野に入れていないのかとすら思ってしまいます。ユーキャンは生涯教育とかをやっている会社なのに、高齢者は除外しているのでしょうか。

ホントに具体例にはこと欠きませんが、**高齢者の存在を忘れた社会でいいのだろうか**と思いますよ。

《第3章が教える生き方のヒント》

◎高齢者がこんなに頭のいい国は他にちょっとない。
◎高齢者がこんなにお金を持っている国も他にない。
◎日本の高齢者向け商品が世界一になればどんどん売れて、日本は再び競争力を取り戻す。
◎上から一割を高齢者と呼べばいい。
◎お金を使えば使うほどエラいのが資本主義。
◎高齢者は免許証を返納する必要はない。

第4章

# 齢を取れば取るほど幸せになる

## 知的レベルが高いとされている人ほど世の中が理屈通りにいくと思っている

いわゆる知的レベルが高いとされている人ほど、世の中が理屈通りにいくと思っているんですね。医者とか大学教授とか言われている人たちがそうです。

二〇二三年四月に日銀総裁になった植田和男さんなんかが、そのいちばんいい例だと思います。たしかに専門はマクロ経済学と金融論で、東京大学で教鞭を執られてきた。一九九八年には日本銀行政策委員会審議委員に就任して、速水優《はやみまさる》総裁によるゼロ金利政策や量的金融緩和政策の導入においては、理論的支柱になっています。大変な経済学者なのかもしれないけれども、ゼロ金利政策も量的金融緩和政策もまったくうまくいっていませんでした。

先ごろ、ゼロ金利政策をようやく解除することになりました。

大体、一九九九年からというのですから、ゼロ金利政策を二五年間も取ってきたのは、まさに異常なことです。速水、黒田（東彦《はるひこ》）とつづくその政策の推進者が植田さんだったわけですが、植田さんはやっと決断をしたわけです。

なぜ彼らの理論がうまくいかなかったかを考えると、なぜか日本では行動経済学があまりまともに議論されてこなかったことにあるように思えてなりません。

行動経済学以前の経済学は、人々が合理的に判断して経済活動を行うことが前提になります。値段を下げれば人々はそれだけ買うと判断するというものです。

ところが、人間は心があるから違う判断をする。それが行動経済学の理屈です（詳しくは一四九ページ以降を参照）。要するに、人間の行動はよく分からない。分からないとは、理屈通りにいかないということです。

一歩進めて、私の考え方では、**試してみるまでは間違っているか正しいかは言えない**――、それが基本的なスタンスです。

患者さんに薬を出すときに、特にうつ病の人などはどの薬が効くか分からないのです。効いたら当たりだし、「先生、あの薬、効きませんよ」とか「かえって具合が悪くなりました」ということであれば、じゃあ、別の薬を試しましょうとなる。

要するに、どんなものでも試してみないと分からないとするスタンスです。

## 試す前から却下される相続税一〇〇パーセント案

第3章でも触れましたが、私はずっと昔から、相続税を一〇〇パーセントにしろと言い続けています。

相続税を一〇〇パーセントにしたほうが、お年寄りがお金を使うようになるから、日本の景気は良くなるはずだというのが私の考えです。

それに対する反論の決まり文句は、「前例がない」とか、「そんなことをしたら、金持ちがみんな外国に逃げちゃう」というやつです。

そんなことは一度試してみなければ分からないでしょう、と私は言いたい。

金融緩和のゼロ金利政策であろうが財政出動であろうが、すべて試してうまくいかなかった。それにもかかわらず、誰も止めようとはしなかった。しかし、私の相続税一〇〇パーセント案は、一度も試したことがないから、間違っているかどうかは誰にも分からないはずです。

おそらく、九九パーセントの日本人と、九九・九九パーセントの経済学者は、試す前からそれは間違っていると反対するでしょう。

しかし、私に言わせたら、**試す前から答えを決めているのは、科学ではなくて宗教なのです**。

だからこそ私は試すべきだと思う。ところが、インテリと言われている人ほど、試す前から答えを決めてかかっています。

考えてみてください。相続税が一〇〇パーセントになって、家族に財産を残すことができなくなれば、多くの人がお金を使い切って死ぬようになるはずです。

海外へオーロラを見に行ったり、夢だったスポーツカーを買ったり、どうせ国に取られるくらいならと、やりたかったことを全部かなえて死ぬ人が増えるでしょう。

巨大なデッドストックになっていたお金が、どっと市場に流れ込むことによって、経済も活性化する。遺産をめぐる骨肉の争いもなくなる。私が長年、高齢者を見てきた限りにおいては、いいこと尽くめのように思います。

試す前から答えが出ていることがらが世の中に増えている気がします。それは情報があふれているせいです。

ラーメン屋はどうでしょうか。行列ができているラーメン屋の前を通りかかったときに、今のご時世だったらスマホが使えない人以外は、そこに入るかどうか迷ったら、食べログかなんかの評価を見るはずです。高い点なら旨いだろうと勝手に思うし、低い点ならマズいだろうと思うでしょう。

だけど、舌には個人差があるから、しょっぱいラーメンが好きな人がいれば、薄味が好きな人、こてこての脂ぎったものが好きな人、まあ、様々いるわけです。

ですから、情報が当たり前のように平等に行き交うようになってからのほうが、かえって情報が当てにならない経験をすることが増えたはずです。

言ってみれば、行列ができていれば旨いと思うことも、点が高ければ旨いと思うことも、勝手な思い込みです。結論的に言えば、人間は主観の世界で生きていると私は思う。**他人が決めた客観性なんてものには、期待しないほうがいい**のです。

## 生産と消費は逆転した。課題はいかにして消費を増やすか

経済学の話に戻しましょう。今の経済学が失敗している部分について、セブン＆アイ元会長の鈴木敏文さんと対談していて気づいたことがあります。念のために説明しておくと、鈴木さんはイトーヨーカ堂とセブン‐イレブンのトップを長年にわたってつとめ、グループ国内店舗約二万店、売り上げ一〇兆円以上を達成して、「小売の神様」とまで呼ばれた人です。

人類は産業革命であれ何であれ、長い間ずーっと生産性を上げようとし続けてきました。ところが、どうも一九八〇年代に生産と消費が逆転した。だからこれからは、生産を増やすことよりも消費を増やすことを考えたほうがいいと、鈴木さんが仰った。

鈴木さんは言わずと知れた科学的経営の人です。コンドームを上の段に置くのと下の段に置くのとではどちらが売れるかとか、気温が何度以下になったらおでんが売れるかとか、冬場でも何度以上だったらアイスクリームが売れるかとか、全店に指令を

出す形でいろいろと試すわけです。

試してみてダメなら、上から命令して四時間後には全国のセブン-イレブンの棚がすべて入れ替わっているというような経営をした人です。

その人がいみじくも喝破されたのが、**これからは消費を増やさなければいけない**、でした。私もまったく同じ考えです。

「生産性」なる言葉を口にして問題にされた国会議員がいましたが、こんなに消費不足で生産が余っている時代に生産性を上げろと言うのは、豊作貧乏のときにもっと作物を作れと言うのと同じことです。

高齢者や生活保護受給者が、生産もしないで消費をしてくれているわけだから、それはむしろ国への貢献であるとさえ私は思っています。

私たちは高齢者や生活保護受給者に対して抱いているバイアスから、なかなか自由になることができません。働きもしないで消費をしている人については、やはりムカッとくるのでしょう。

本当のところ、人類はロボットを作るにしても何をするにしても、少しでもラクをしようと思って進歩してきました。働かなくて良くなったのなら、喜んでいいはずですが、自分たちが受けた教育や理屈からはなかなか自由になれないものなのです。

## 榊原元財務官と話して分かった英語教育の壮大な無駄

色々な分野でパラダイムシフトは起きています。

ＡＩがそのいい例です。翻訳機能の進歩はすさまじく、すでに英語を勉強する意味がどれくらいあるんだという話が出てきています。確かに英語が話せたほうが外国人と仲良くなりやすいかもしれません。

しかし、商談とか条約の締結とか、外交交渉のときに、最初は“Nice to meet you.”と日常会話で話しても、本気の議論や外交交渉などでは、日本語で話して自動翻訳機に翻訳させたほうがいいと私は思います。ヘボな英語でやったら、向こうにやり込められるに決まっています。

どうしてそう思ったかと言いますと、「ミスター円」とも称された元財務官の榊原英資《えいすけ》さんと対談したことがきっかけです。

榊原さんは歴代の財務官の中でいちばん英語ができたらしく、アメリカの大学で博士号のPh.D.まで取って帰ってきた人です。その彼にして、日本語と英語で考えるのだと、英語は思考速度が三分の一に落ちるとおっしゃるわけです。

とすれば、残念ながら日本に生まれて日本語を喋ってきた以上、バイリンガルの人は別にして、日本語と英語で考える思考の間には、歴然とした差があります。ビジネスの現場や重要な会議では、やはり自動翻訳機を使うのがいいと思います。

日本がせっかく世界で一番いい翻訳機を作っているのに、たぶん日本はあと二〇〜三〇年は語学教育が大事だとか言い続ける可能性が高いでしょう。いろんな大学でいまだに、国際化とか、英語をもっと喋れとか言っているわけですから。

二〇〜三〇年後にやっと気が付いて、あの教育は古かったという話になるのでしょう。

現実がそうならば、もっと日本語でみっちりと考えられるようにする教育のほうがいいと思います。

とはいえ、その考える能力ですらAIに勝てないわけですから、結局どこまで教育をしたらいいのか、**どこからAIに任せればいいのか、私たちは考え方を画期的に変えなければいけない**時期に来ています。

## ちっとも上向かない景気。GDPは世界第四位に転落

お金こそは理屈通りにいかないものの典型ではないでしょうか。

日銀総裁にはエース級の学者などが投入されてきたし、様々な経済学者がいろんなアドバイスをしてきました。しかし、この三十数年にわたって、日本の景気はちっとも良くなりません。

アベノミクスは総理だった安倍晋三氏が自画自賛した究極の経済政策で、景気を良くする基本的な方法として金融緩和だけじゃなくて財政出動もやったわけです。

安倍政権は株価も上がったし、名目GDPも増えたと強弁しましたが、現実的には

実質賃金や実質経済成長率は下がりました。

次なる菅政権を経て岸田政権に移ると、直近の二〇二三年の最新のGDPでは、ドイツに抜かれて日本は世界第四位に転落しました。

それ以上に問題なのは、ドル建てのGDPや資産が減ったことです。一人当たりのGDPは台湾（三四位）と韓国（三五位）に抜かれるような体たらくです。

マシなのは失業率が低いことくらいで、収入はぜんぜん増えていません。

バブルが終わったとされる一九九四年には、世界のGDPの一七・八パーセントを日本が占めていました。それが今は約四パーセントです。つまり、世界の六分の一以上だったのが二五分の一まで減ったのですから、世界に対する日本のプレゼンスそのものが相当によろしくない状態です。

## ダメなリーダーの時こそ株価は高騰する

二〇二四年二月以降、日経平均株価が、一九八九年一二月二九日につけた史上最高値の三万八九一五円八七銭を次々と更新して、ついに三月には四万円を突破しました。四万一〇九円二三銭です。七月に入ってからも四万円を超しています。

昔は実体経済に基づいて、この会社の一株当たりの純資産とか一株当たりの純利益がどうかとか、企業価値に対して株価がつけられていました。

ＩＴバブルの頃から不思議に思っているのですが、一円も利益を出していない会社やずっと赤字を出し続けている会社に、べらぼうに高い株価がついたりしています。ある時期から、将来この会社は大化けするぞとか、大儲けするぞとか、期待に対して株価がつくようになったのです。例えば環境関連やＡＩ関連ですが、いま現在儲かっているかどうかなんて関係なしです。

ふと思ったことですが、例えば現在の総理大臣なり大統領が、非常に優秀で、国を良くしてくれたり、景気も良くしてくれるような人だったとします。この人の次になったら経済はもうダメになると思われる時、つまり優秀なリーダーの時には株価は上がりません。

トランプ大統領がそのいい例です。中国やいろんな国と仲が悪くなって、グローバル化と逆行していたので、トランプが辞めたら景気が良くなると思うから、株価が上がったわけです。最初は暴落したのですが、その後は相当上がりました。ダメなリーダーのほうが株の世界では将来に期待が膨らむので株価が上がるということです。

それと同じで、岸田総理は完全に迷走しているし、どうしようもない史上最低レベルの支持率なのに、彼が辞めたら景気が良くなると思うから株価が上がるのでしょう。

私の仮説ですが、これは世間のイメージとはまったく逆で、**ダメなリーダーが治世をしている時のほうが株価は上がる**のではないでしょうか。

そうでも考えないと、岸田政権がチョンボをすればするほど株価が上がっていることの説明がつきません。本来ならば、株価が上がるような要素はどこにもないはずです。

ことほど左様に、「お金というのは理屈通りにはいかない」ことの事例は様々にあるのです。

## 人は完全な情報を持ってなどいない。レモン市場の法則

植田日銀総裁のところでも少しお話ししましたが、経済が、いわゆる経済学の理論通りにはいかないことは二〇世紀末くらいから指摘されています。

その中で代表的なものは次の二つです。

①経済学理論は、人は完全な情報を持っていることを前提にした理屈であること。

②経済学理論は、人は合理的な判断をすることを前提にして成り立っていること。

まず、①についてお話ししますと、少なくとも消費者が完全な情報を持っていることは、ほぼあり得ません。

情報を持っていないことの良い例が、石油ショックの時やコロナショックの時に、人々が取った行動です。トイレットペーパーやマスクを買いあさったりして、情動的な経済行動をするわけです。

そういう非常時に関するものとして、アメリカの経済学者のジョージ・アカロフは

一九七〇年に「情報の非対称性の経済学」を提唱して、二〇〇一年にノーベル経済学賞を受賞しています（余談ですが、念のために言っておきますと、ノーベル賞の中で、ノーベル経済学賞だけは他団体が選出して、ノーベル財団がしぶしぶ追認している賞です）。

「レモン市場の法則」とされるミクロ経済学の理論がそれです。アメリカでは欠陥品や出来損ないのことを「レモン」と呼ぶのですが、中古車市場には外見からは分からないレモン（欠陥車）が混ざっている。その一方で、優良品のことを「ピーチ」と呼ぶのですが、それも混ざっている。要するに、中古車市場には欠陥車と優良車が混在している。

混在しているために、買い手は高い金額で欠陥車を買うことを恐れて、欠陥車に相当する金額しか払わなくなる。すると、市場に優良車を出す売り手がいなくなり、売り手と買い手の間に情報の非対称性が生まれるために、質の悪い車しか市場に出回らなくなる。そういう経済学理論です。

## 「人は得よりも損に反応する」という
## プロスペクト理論

次に②に対する反証として、一九七九年に、ダニエル・カーネマンと同僚のエイモス・トゥヴェルスキーが行動経済学の基礎となる理論を発表します。ちなみに、カーネマンもノーベル経済学賞の受賞者です（二〇〇二年の受賞時、トゥヴェルスキーはすでに故人）。

彼らの理論は、経済学と認知科学を統合したもので、人が合理的に判断しない時に、どのような経済行動を取るかをつぶさに研究しました。

もっと平たく言うと、「カネ」と「ココロ」を結び付けた研究です。この理論が発表されると、それ以降は行動経済学が主流になります。

そこで示された最も特徴的な原理の一つは「プロスペクト理論」で、「**人は得よりも損に反応する**」というもの。プロスペクトとは、見通し、見込みといった意味で、人は損失を回避するように判断する。いわゆる「損失回避性の心理作用」です。

例えば、
A：何もしなくても五〇〇〇円がもらえる。

B：五〇パーセントの確率で一万円がもらえるが、五〇パーセントの確率で何ももらえない。

AとBの選択肢があった場合、多くの人はAを選びます。ところがAもBも確率論で算出した期待値はともに五〇〇〇円です。人々がAを選ぶところには、感情による「ゆがみ」の影響があって、それで「損をしたくない」思いが優先されます。

人間は、富の「絶対量」ではなく、「変化（損失）」に、より強く反応してしまう生き物なのです。


人間は損に反応する生き物だと考えた時に、例えば、税金が高いと景気が悪くなると人は信じていますね。ところが、かつて税金が高かった頃、中小企業の社長たちは税金が高い時は経費を使おうとしていました。

「税金で取られるくらいやったら、ベンツ買うわ」とか、「銀座に行くわ」とか、「ゴルフ行くわ」みたいな感じで、損を避けようとして消費をしていました。法人税などを減税したら、本来は景気が良くなるはずです。ところが、法人税を下げれば下げるほど、経費を使っても得する金額が減ってしまう。

その結果、法人税を下げたほうが、賃金は上がらないし、中小企業の社長たちも経費を使わなくなるという逆転現象が起きます。

ということは、ひょっとしたら法人税を思い切り上げてしまって、設備投資であろうが、何であろうが、全てを経費として認めてしまったほうが景気は良くなるかもしれません。

何度も言いますが、試してみないと答えは出ない、それが私の基本的な考え方ですから、うまく行くかどうかは分かりません。しかし、少なくとも、企業が今みたいに内部留保を貯めこまなくなる可能性はあります。

要するに、**政策を考える時に、人間は損をしたくない生き物だということを、もっと前提にするべき**です。

減税して得するようにしてもお金を使うようにはなりません。増税して経費を認めたほうが損の回避のためにお金を使うわけです。

理屈通りにはいかないことの代表的な例を、カーネマンたちは明示してくれたのですが、企業の経営者も政策の担当者も、行動経済学をあまり念頭に置いていないように思えます。

もちろん、行動経済学だって理屈の一つですから、やってみないことにはそれが正解かどうかは分かりませんが、人が不合理な判断をすることに関しては、私はおおむね間違っていないと思います。

## 人が幸せかどうかは「参照点」によって決まる

カーネマンたちが指摘したことでもう一つ面白いのは、**人が幸せを感じるかどうかは「参照点《レファレンス・ポイント》」によって決まる**ということです。それを「参照点依存性の心理作用」と呼んでいます。

例えば、二〇万円の服があるとして、それだけを聞いたら「高い」と思うはずなのが、実は定価は二五万円なのにバーゲンで二〇万円になっていたら、五万円分得したと感じて、相対的に二〇万円の価値を安く感じるというものです。

その時の参照点が二五万円です。

あるいは、所持金が一億円の人と一〇〇〇円の人が、同じように一〇〇〇円を得た時に、所持金一〇〇〇円の人の幸せのほうが大きい。その時の参照点は、それぞれ一億円と一〇〇〇円になります。

私などはお金持ちの高齢者を見ていて感じることがあります。それはある種のお金持ちのパラドックスです。

大企業の社長をやっていた人が高級老人ホームに入っているとします。その人にとっての参照点が社長時代だったとしたら、社長時代のほうが給与は良かったし、もっと大きな家に住んでいたし、もっと美味しいものも食べて、みんなにチヤホヤされていた。

仮に、その老人ホームで一日五〇〇〇円くらいのご飯が出たとしたら、スタッフがそれなりのサービスをしてくれたとしても、前と較べたら落ちたと思うわけです。幸せに感じられない。

ところが、例えばとても貧乏な暮らしをしていたおばあさんが、体が動かなくなって特別養護老人ホームに入って、一日一五〇〇円くらいのご飯が出たら、おかずが三品ついていたりして、とっても幸せに感じるはずです。

それは参照点が低いからです。

現役時代はみんなお金持ちになりたいとか、社会的地位を少しでも高めたいと思うかもしれないけれども、**老後のことを考えたら、参照点は低いほうが幸せが待っているのかもしれません。**

## お金持ちパラドックス。人生の最後の逆転はよくある

それは一種の人生のパラドックスと言えるでしょう。

私がよく「お金持ちパラドックス」と呼んでいるものがあります。

例えば、お金持ちが奥さんに先立たれたとします。そこで親切にしてくれる女性と

かがいて、クラブのママさんでもいいのですが、「オレ、この人と再婚しようと思うんだよ」なんて言ったら、まず間違いなしに子どもたちが大反対するでしょう。財産を取られちゃうと思うからです。

ところが、貧乏で財産もないような人が奥さんに先立たれて、仲良くなった近所の小料理屋の女将と、「オレ、この人と再婚しようと思うんだよ」と言ったら、子どもたちは大喜びするでしょう。財産はさしてないのに、親の介護をやってもらえるからです。

やはり、かなりの財産を持っている人が再婚しようとしたときのほうが、問題が起きることは圧倒的に多いでしょう。

私のようにお年寄りをたくさん見ていますと、人生の最後の逆転を何度も目撃するので、人生観が変わります。お金なんか残してもしょうがないと思うようになりました。実際にお金があったほうが、子どもたち同士で喧嘩が起きますしね。

**お金を持っていたほうが幸せという資本主義の大原則が、人生の晩年において、人間の心理によってもろくも崩れる**のです。

## 人はもともと、齢を取れば取るほど幸せになるようにできている

齢を取ることについては、ネガティブなイメージばかりが頭に浮かぶのではないでしょうか。

「齢を取ったら、頭も足も衰えて、家に閉じこもりがちになる」

「病気ばかりして、少ない年金でつつましく暮らすことになる」

幸せな高齢者像を思い描けない人が多いと思います。

それをくつがえすような事実が、米国ダートマス大学の経済学者、デービッド・ブランチフラワー教授の研究によって明らかにされました。

この研究は、世界一四五カ国を対象にして、人生の幸福度と年齢の関係を調べたものです。すると、結果は明白で、**人生の幸福度が最高値に達するのは、八二歳以上であること**が分かったのです。

この現象は、「幸福のU字カーブ」と呼ばれています。

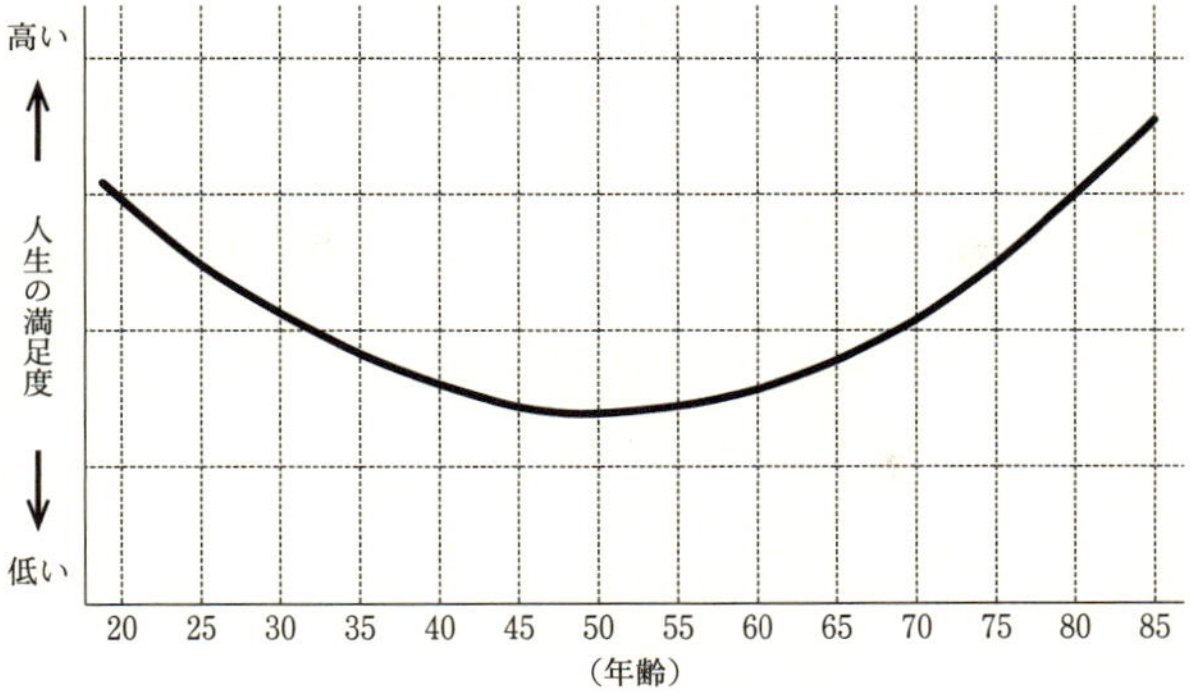


出典：ギャラップ世界調査　米国ブルッキングス研究所調べ
※年齢以外の要因を差し引いて調整したもの

**【図表３】幸福度はＵ字カーブを描く（2010～2012年）**

【図表３】をご覧ください。人の幸福度は一八歳から下がり始めて、四八・三歳で不幸のピークに達すると、そのあとは上がり始めます。その軌跡がアルファベットの「Ｕ」を描くことから「幸福のＵ字カーブ」と名付けられました。

たいへん興味深いのは、この「幸福のＵ字カーブ」は先進国でも発展途上国でも、欧米でもアジアでも変わらず、世界共通であることです。社会の状況や人種などとは関係なく見られる現象です。

もちろん、日本も例外ではありません。幸福度が最も低いのは四九歳もしくは五〇歳で、最も高いのは八二歳以上という結果が出ています。

アメリカで話題になった『ハピネス・カーブ』の著者ジョナサン・ラウシュは、齢を取れば取るほど幸福度が増す理由を次のように述べています。

「(齢を取ると) ハピネス・カーブ (=幸福のU字カーブ) が上昇するのは、自分の価値観が変化し、満足感を得る事柄が変化し、自分という人間の有り様が変わるからである。

自分が変わることで、老年期になってからも思いがけない充足感を得ることができるようになったり、自分の抱える弱さや病気まで受け入れられるようになったりする」

実際、老年医学の現場に携わっていると、どこか飄々《ひょうひょう》としている高齢者にお会いすることがよくあります。どうしてこんな空気感を醸し出せるのか不思議に思っていました。

ラウシュの説明を読んでストンと腑に落ちました。**人はもともと、齢を取れば取るほど幸せになるようにできている**のです。

齢を取れば取るほど幸福感が高まることを、心理学の世界では「エイジングパラドックス」（加齢の逆説）と呼んでいます。

これは先ほど述べた「参照点」とも関係してくることです。人間の心理は、ついつい周囲と較べてしまう。例えば八二歳で、周囲と較べてみたら杖をついた連中ばかりだなと思えば、まあ普通に歩けるだけで幸せじゃないかとか考えるわけです。

幸福の参照点は、過去を参照点にする場合と、周囲を参照点にする場合があります。

## 齢を取ってお金を使う人ほど幸福で人からも好かれる

私たちはお金のことを無条件に信じてしまっていますが、そのパラドックスについてお話ししましょう。

例えば四〇代、五〇代の年齢で一〇〇億円を持っている人がいたら、いろんな人が寄ってきますね。何かを期待して女性が寄ってくるかもしれないし、もしその富豪が独身だったら、結婚すればシンデレラになれると思って寄ってくるかもしれない。

あるいは起業したい人がスポンサーになってくれませんかと寄ってくる。四〇代、五〇代ならば、お金を持っているだけで人が寄ってきます。

しかし、人は八〇代になると、その人がケチかどうかで判断されます。いくら一〇〇〇億円の財産を持っていても、いい思いができないことが分かれば誰も寄ってきません。お金持ちの孤独はこうして起きます。

では、どうすればいいかと言えば、これは資本主義の大きく勘違いされている前提でもあります。**大事なのはストックではありません、フローのほうが大事なのです。**同じお金持ちでも、**フローの多い人はおいしいものを食べられるし、人からも好かれる。**

お金持ちに限った話ではありません。でっかい家に住んでいるのに、孫が正月に挨拶に行っても三〇〇〇円のお年玉しかくれないのと、小さなアパートに住んでいるけれど三万円くれるのだったら、孫にしてみれば後者のほうがいいに決まっています。

若い頃はともかくとして、**齢を取れば取るほどお金を持っているかどうかよりも、お金を使っているかどうかが、周囲の人を引き寄せる要因になる**のでしょう。

理屈通りに行くと思っている人は、お金をひたすら貯めたり増やしたりするわけですが、そううまくはいきません。

なぜなら、イヤなことを言いますが、齢を取るといろんな不幸に出会いかねない局面が出てくるからです。

大金持ちだったら子どもや孫たちに大事にされるかというと、亡くなれば自動的に遺産が相続されるから、亡くなるのを今か今かと待たれている可能性だってあります。それならまだマシだと思えてくるのが、成年後見制度です。ちょっとボケてきた時には、その制度が使えます。

法定後見制度を選んだ場合には、補助・保佐・後見という三段階のレベルがあって、いちばん最後の後見相当と判定されると、自分の財産はまったく自分で動かせなくなります。代わりに後見人がそのお金を動かすのです。

補助とか保佐のレベルですと、本人と補助人、あるいは本人と保佐人の両者のサインがないと商行為が成立しません。そういう形で財産を守ることができます。

補助・保佐のレベルの人が通販の番組を見ていて、「あのイクラたっぷりの松前漬けが食べたい」とか「ウォーキングマシンが欲しいなあ」と思っても自由には買えません。

逆に言えば、たとえ一億円を持っている人であっても、補助人や保佐人のサインがなければ一万円の買い物もできません。

後見の場合には、本人に意思能力がないと判定されているのですから、本人はまったく使えません。

結局、お金を持っていればそれだけで幸せと言えるのかというと、なかなか安易には考えにくい局面もあるのです。

それから、お金要因よりも子どもたちの性格要因が重要になってくる。これもお金持ちパラドックスの一つでしょう。

よく「お金よりも心だ」なんてキレイごとのように言われますが、高齢者をたくさん見ていると、確かにそれは一理あるなと思います。**お金のある人よりも、心のある人に人は寄ってきます。**

## 若いうちからガマンはするな。性格で人生の大逆転が起きる

私が聞いた高齢者パラドックスの話があります。

特別養護老人ホームでの対照的なおじいちゃんとおばあちゃんのエピソードです。

とにかくスケベなおじいちゃんがいるそうです。スタッフのお尻をすぐに触ったりするけど、いつもニコニコしているから「憎めないわねえ」と言われる。

一方、おばあちゃんのほうは、ホームのスタッフにちょっとでも不手際があると、なんでこんなことも出来ないのとヤンヤンと不平をぶつけるのでものすごく嫌われている。

その二人の若い頃をひも解くと、おじいちゃんは好き放題に浮気して、子どもにも愛想をつかされてホームに入った。おばあちゃんのほうは、ご主人に先立たれて入居したんですが、とにかく長い間ガマンをしてきた良妻賢母だった。

二人ともちょっとボケているのですが、片やニコニコ、片やガミガミ。結局、長い

間ガマンの暮らしをすると、齢を取った時に攻撃的になってしまう。要は、自分はガマンをして堅実さで身を立ててきたという意識があると、他人のミスが許せなくなってしまう。

面倒をみるスタッフにしても、年中攻撃しまくっている人よりも、嬉しいねえ、ありがとうとニコニコしている人のほうが好きです。

好き放題に生きてきたおじいちゃんは、ガマンなんかしたことがないから齢を取っても穏やかな気持ちでいられる。**人間やはり、若いうちからガマンなんかしないほうがいい**ねという話です。ここでも人生の大逆転が起きています。

今まで見てきたように、超高齢社会では、人生の最後期の場面で価値観が覆されることが様々にあります。「お金よりも心だ」もそうだし、お金持ちの老後には意外にも不幸が転がっていることもそうです。

さきほどの話で、「そんなのお金目当てに決まってる」と言って、父親の再婚に反対する息子なり娘なりがいるとします。でも、「お金目当てに決まってる」と言う人こそがお金目当てなんですよ（笑）。

息子や娘の反対を真に受けて再婚しなかったとしても、そういう子どもたちが老後の面倒をみてくれる保証はあまりなさそうです。

仮に小料理屋の女将がわずかばかりのお金目当てだったにしても、再婚したあかつきにはそのお金を得るために、亡くなるまで面倒を見なければいけないわけです。

人間、特に親子関係においては、**血のつながりがいちばん当てになると思っていると、そこに大きな落とし穴がある**のです。

## 終身雇用と年功序列、日本型経営は良いものだ

今の日本にあっては、終身雇用・年功序列は、完全に否定された制度になっています。当たり前ですが、その制度は自分が勤める会社が定年前に潰れたらパーになるシステムです。

終身雇用・年功序列は、「齢取ってロクに働きもしないのにお金をもらってさ」と

いう風に外からは見えます。でも、その人たちの若い頃を思い起こせば、「お前、今だけガマンしてりゃあ、齢取ったらラクになるんだから」と言われてきました。

そういう暗黙の了解のもとにサービス残業もし、中高年の人たちよりも安月給で働いていたわけです。その人がもし、四〇代、五〇代で肩叩きされたとしたら、若い頃には会社にお金を貸していたようなものですから、結果として踏み倒されたことになります。

これに対して怒らないのはヘンです。私だったら、それはないと思うでしょう。

もう一つ、終身雇用・年功序列について考えなければならないのは、例えばトヨタの子会社のダイハツで大規模不正が発覚した事件ですが、こうしたことが起きるのも終身雇用・年功序列が崩れたからだと思えてなりません。

不正が表に出た理由の一つ目は、企業への帰属意識が薄らいで、不正を告発する人間が増えたことです。

二つ目は終身雇用・年功序列の制度下であれば、会社が途中で潰れると困るので、会社のブランドイメージを上げようとしたり、欠陥があれば一生懸命に直したりしたはずなのです。

三つ目は親会社であるトヨタの豊田章男会長の独裁を批判するものとして出てきた。もしかすると、これがいちばん大きな動機だったのかもしれません。

私がアメリカに留学していた時代に、終身雇用・年功序列で有名な会社がアメリカに二つありました。一つはバイクのハーレーダビッドソンで、もう一つがホールマークというグリーティングカードの会社です。

両社とも品質がいいことで評判が良い。やはり終身雇用・年功序列、特に終身雇用をきちんとしてくれる会社は、社員が社のブランドイメージを保ち続けようと頑張るものです。

日本なら、定年のない会社として知られるのがＹＫＫです。二代目までは同族経営の世襲企業なのですが、ファスナーの評価は世界一高いわけです。

ルイ・ヴィトンだって何だって、ＹＫＫのファスナーを使っているわけだから、世界から信頼を得ている企業です。

そうしますと、悪者にされてきた日本型経営が、本当に悪いものなのかどうかは疑問になってきます。日本型経営をすることによって、品質やブランドイメージを維持することもできるのですから。

やはり結論としては、人間、お金で割り切れるものではないということです。

## 消費者がお金を持つことが良い製品を作るための条件だ

私がアメリカに留学していたのは、一九九一年から九四年までです。暮らしているうちに、いくつか気づいたことがあります。

私が住んでいたカンザスみたいな田舎ですと、安くなければ人はモノを買いません。その当時、日本で最新型のウォークマンが三万円くらいしたのに、アメリカだと劇的に安くて二〇～三〇ドルでした。

ただし、日本製はカセットテープサイズで薄くて小さいのに、アメリカ製は弁当箱くらいの大きさでした。アメリカ製のビデオデッキも二〇〇ドルで買えた代わりに、2ヘッド、よくても4ヘッドとかいう代物で、S－VHSの日本製より何世代も古かった。

その時に思ったのは、労働者にお金を持たせないと、より良い製品を作らないということ。言い換えると、この会社の商品とかその国の製品の質を決めるのは、その企業のいわゆる技術力とか生産者側の事情ではなくて、あくまでも消費者です。**消費者がお金を持っている国のほうがいいモノを作る**のです。

ある意味、世の中にお金を持っている人を増やしたほうがいいモノが作られるし、売れる。この命題をおそらくは史上初めて実行に移したのが自動車業界のヘンリー・フォードでした。

彼がベルトコンベアを導入することで車の値段を三分の一に下げたことは有名ですが、買える人を増やそうとして従業員の給与を二倍にしたことでも知られています。すると、周囲の会社も給与を上げざるを得なくなった。給与は倍で、車の値段が三分の一なら、六分の一に下がったのと同じです。アメリカでもの凄いモータリゼーションの時代が勃興したのはこうした経緯からでした。

## アメリカがイケイケなのは消費者の給与を増やしているから

今の日本の経営者に欠けているのは、従業員のお金を増やしたほうが、いわゆる景気が良くなるという視点だと思います。

実際に、ソニーであろうがパナソニックであろうがトヨタであろうが、売上高人件費比率は一割くらいです。ならば、従業員の給与を五割上げても、経費は五パーセントしか増えないことになります。

そこでいろんな会社が給与を五割上げたら、可処分所得は倍くらいになるわけだから、製品の価格を倍にしても売れるはずです。結果、五パーセントの投資で売り上げを倍にできる計算になります。

逆に言えば、給与を半分に減らしても、経費は五パーセントしか減りません。しかし、給与が半分になったら、製品の値段を半分にしても売れません。

二世や三世の経営者たちや政治家たちの何がダメかと言うと、おそらくは、「親の給与が上がったので○○を買いました」というような経験を子ども時代にしていないところにあります。

だから、給与が上がれば景気が良くなる、そんな当たり前の発想にもなれないのだと思います。

アメリカ留学時代に話を戻しますと、資本主義って本当は生産性とか生産力よりも、消費力が大事なんだと感じました。日本は消費力がない国にならないで欲しいと願っていたのに、そうなってしまった。

それを考えた時に、アップルのスティーブ・ジョブズのどこが凄いのかが見えてきます。ジョブズはアメリカ人の何を変えたのでしょうか。それまでアメリカ人は安くないとモノを買わなかったのに、高くてもいいモノは買うという風に、消費者のマインドを変えました。

ジョブズの最大の勝因はそこです。アメリカ人は高くてもいいモノを買う民族に変わったのです。

その先にあるのは好循環です。消費者にはお金を持たせたほうがいいという方向に進んで、アメリカの給与はどんどん上がっています。その流れで、UAW（United Auto Workers：全米自動車労働組合）が、二〇二三年末に、もの凄い賃上げを勝ち取りました。

デトロイト3（GM、フォード、ステランティス）とUAWとの間で妥結したのは、四年半で二五パーセントの賃上げです。そして、UAWに属さない自動車メーカー一三社もそれに追随しようとしているのですから、ますます凄い話です。

今やアメリカ人はイケイケで、日本人はシンミリしている状態です。

## 足りないのは消費。消費者を刺激する人が勝つ

中国も今はだいぶ落ち目になってきていますが、一時期はもの凄くのし上がっていました。それは生産力ではなくて消費力です。

ヨーロッパの国にとっては、モノを買ってくれる国がいちばんありがたいわけです。

ヨーロッパの各ブランドは一斉に中国を目指して、日本なんか視界の端っこのほうにしかいない状態になったのはそのせいです。

つまり、生産性を上げろという議論はもう古いのです。

セブン&アイを追い出されてしまった鈴木敏文さんと、二〇〇〇年代に一度、対談したことはすでに述べました。

繰り返しになりますが、鈴木さんは、「八〇年代に、人類はついに生産と消費が逆転した」といみじくも仰った。

これから生産性は上がることはあっても下がることはないだろう。でも、人口の増加率を考えたら、消費はそんなに伸びない。慢性的な消費不足になる。だから、**これからは消費者を刺激する人が勝つ**。トヨタであれ何であれ、生産よりも消費の時代になる。そのように話されていました。

それが正しいか間違っているか私にもよく分かりませんが、一つだけ確かなことは、日本のこの三〇年にわたる不況だって生産が足りていないわけではなくて、消費が足りていないのです。

## 生産しないで消費だけしてくれる人は国にとっては非常にありがたい存在

ここで出てくるのが「貧乏人パラドックス」なるものです。

例えば、生活保護を受けている人は生産をしないで消費だけをしてくれています。彼らは貯金をほとんど許されないので、保護費はほぼ全部使い切らないといけないのがルールです。もちろん、彼らの生活費は私たちが払った税金ですが、それを世の中に回してくれているわけです。高齢者もそうで、消費ばかりしてくれています。

高齢者が増えていったらこの国はダメになると発言する人がいますが、実はその逆で、**生産しないで消費だけしてくれる人は、国にとっては非常にありがたい存在なのです。**

生活保護受給者も高齢者も貧乏かもしれませんが、国のためには役立つというまさに「貧乏人パラドックス」がここにはあります。

イソップ童話の「アリとキリギリス」は、夏の間も働いて食糧を備蓄したアリは余裕で越冬できたけれども、気ままにそこら中を食べ尽くしてバイオリンを奏でて遊んでいるだけだったキリギリスは、冬になったら食べるものが何もなくて凍死したという話です。

これとは状況が違って生産物が余っていることを前提にすれば、それでも働くアリは一生贅沢も遊ぶことも知らずに死にました。キリギリスは冬になっても食べ物が余っているので一生遊んで暮らしました、という風に読み替えないといけません（笑）。生産と消費のパラダイム一つ取ってみても、ある時期から消費が足りなくなったのだから、ものの考え方を変えなければなりません。

それなのにこの国は、生活保護受給者をバッシングしたり、高齢者が増えて困ると言い出したり、従業員の給与を上げなかったりしているのです。日本は少しもものの考え方が変わっていません。

世間はよく「生涯現役」と言う時に、生涯働くというイメージでものを見るけれども、**高齢者だって現役の消費者なわけです**。「現役＝現役の生産者」でなければいけないとすること自体、考え方が古いのです。

## 給与は増やして人にはお金を持たせたほうがいい

いつの世もそうですが、今は特に**お金を使ってくれる人がエラい時代**です。中国人が爆買いしたりするとすぐに批判されたりしますが、私などはやはり、お客様は神様です、と思ってしまいます。私は出身が大阪なので、お金使ってくれるんならええやんと考えるクチです。

大体私は、大阪府の大阪維新の会がやっていることには反対です。引退した大阪維新の会の松井一郎氏にいたっては、府知事時代に公務員の報酬の三割削減をしましたね。それがいいのかどうかと言えば、公務員の給与が下がると、必ず、「あっちも下がったんやから、お前らもガマンせえや」という具合になって民間の給与も下がります。

何度も言いますが、給与は増やして、人にはお金を持たせたほうがいい。

不景気の経済学を初めて研究したのは、たぶん、イギリスのケインズ（ジョン・メイナード・ケインズ）です。

ケインズは次のように考えました。一億円の収入がある人は使っても一〇〇〇万円だけれども、三〇〇〇万円の収入の人はまるまる三〇〇〇万円を使ってくれる。だから、所得の再分配は消費を増やす。

再分配をするには、給付するのがいちばん手っ取り早い。例えば労働者に五〇〇〇万円を持たせるには、五〇〇〇万円を渡せばいいわけです。五〇〇〇〇万円の公共事業をやって、その対価として五〇〇〇万円を労働者に分配するのは非常に効率が悪い。

しかし、ケインズが真っ先に優先させたのは公共投資（公共事業）です。彼は非常に敬虔なプロテスタントだったので、タダで給付することは好みませんでした。公共事業をすることによって労働者の給与を増やしたかった。

公共事業と言えば、あのアドルフ・ヒトラーが実施した公共事業は、彼の「唯一の功績」と言われています。

ヒトラー以前の公共事業費は総額で三億二〇〇〇万マルクだったのが、ヒトラーは初年度から二〇億マルクという莫大な予算を計上しました。それまでの公共事業費の六～七倍をたった一年で消費してしまうというものです。

この場合の公共事業とは全国に張り巡らしたアウトバーン建設ですが、肝心なのは、建設費のうち四六パーセントが人件費に充てられていたことです。

第一次世界大戦で負け、ヨーロッパでいちばん貧乏な国となったドイツが、世界を敵に回して戦争ができる（決して望ましいことではありませんが）くらい豊かになったのです。

## 資本主義の根源的な欠点は格差が生じてしまうところ

ケインズが実現したかったのは所得の再分配でした。

貧富の差は小さい時のほうがいいのです。昔の日本がそのいい例で、税金が高い社会であることは、割と大事なのではないかと私は思います。

と言うのは、マラソンランナーなどが一番いい例ですが、前を走っている選手が見えなくなると、追う者のスピードは落ちるからです。

貧富についても同様で、貧富の差が人を励むようにさせる。その代わり、あまり差がないほうがいい。前にいる人間が見えたほうが頑張るわけですから。

その意味で、昔の日本社会は非常によく出来ていて、社長と平社員の給与が三倍とか五倍くらいしか差がありませんでした。二〇二三年度、トヨタの豊田章男会長の役員報酬が一六億二二〇〇万円ですか。これは余りいいことではありません。

大谷翔平選手が一〇〇〇億円をもらったからと言って、「じゃあ、オレも野球選手になろう」と思う人がどれだけいるかです。差がありすぎては、頑張る意欲は湧きません。

大谷選手と自分の収入を較べてヘコむ人はあまりいないと思いますが、おそらく**資本主義の根源的な欠点は、どうしても格差が生じてしまうところです。**

繰り返しになりますが、この間、大学の講義で、「相続税を一〇〇パーセントにしたほうが高齢者はお金を使うようになる」と話して、学生にリポートを出させました。

すると、若いのに反対する学生がけっこう多いのを見て、人間の相続欲は意外に強いんだなと思いました。自分が親の財産を相続したいのか、それとも自分の子どもには何かを残してあげたいと学生時代から思っているのでしょうか。私なんか、何も残せないですけどね（笑）。

相続税一〇〇パーセント案は、資本主義の欠点を少し変えるものです。昔で言うところの修正資本主義じゃないかと思います。

## 右翼や保守がイコール反共。資本主義と愛国主義は相容れない

いま世間では資本主義が勝ちで、共産主義は悪みたいに見なされています。一九九一年にソビエト連邦が崩壊したことの影響が大きいし、中国が実質的に共産主義国家ではなくなった影響もあるでしょう。いま、共産主義国家とされているのは、北朝鮮とキューバなど四カ国くらいしかありません。

戦前の右翼は愛国主義的でお金よりも国が大事だったので、お金持ちを批判したり

襲撃したりしました。例えば血盟団事件や五・一五事件で、実業家や政治家を何人も殺害しているのに、事件を起こした首謀者たちのうち軍人に国民は同情して、嘆願書が山のように集まったりしました。

ところが戦後は、右翼や保守がイコール反共になってしまったので、必然的に両者ともに資本主義の味方になるわけです。すると、愛国を叫びながらお金も大事にするような人たちも現れてきます。

保守の人たちは自分のお金は大事にしますが、国のお金は大事にしません。税金をなるべく払おうとしない保守の人もいっぱいいます。自民党の旧安倍派などはそう見えてなりません。軍事予算を増やすことに血眼になっているのは、そのいい証拠です。

戦争は割に合わないからたぶん起きないと、私なんかは考えるわけです。武器なんかお金の無駄です。

中国が日本を自分の領土にしたいのなら、日本を攻めてくるよりも、日本の土地を全部買ってしまうほうが現実的です。中国も子どもが少ないから、戦死者を出したくないし、血も流したくないでしょう。

本来、資本主義というのは個人主義です。今はどちらかと言えば、ロシアや中国のほうが資本主義なのですが、同時に国家主義でもある。

国を大事にするのが愛国主義で、それと資本主義は合致するものと思われていますが、本来は相容れないもののはずです。

それを判断するときに分かりやすいのは、「私有財産と国とどっちが大事か？」と聞かれた時に、「国が大事だ」と即答するのが愛国主義です。いま、私有財産を優先させない愛国主義者は、おそらくいないでしょう。

まあ、こうした一連の話も、お金にまつわるパラドックスです（笑）。

## AIを進歩させるのはむしろ高齢者だ

IT老人はもてはやされます。五八歳でパソコンを始めて世界最高齢のプログラマーとされる若宮正子さんのような方です。

ITとAIの何が違うのか。ITは、パソコンにしてもスマホにしても、自分でやり方を覚えなければなりません。ＡＩは口頭命令で、向こうが考えてくれて何でもやってくれる。

ＡＩの活用法を考えた時に、例えば私が深酒をして帰宅して、鍵の置き場所を忘れて毎朝のように鍵を探す。そんな場合に、腕時計の内部にＡＩカメラが内蔵されていて、「昨日の何時何分に鍵はここに置きました」と教えてくれる（笑）。

あるいは、ちょっと認知症が始まって、昨日トマトを買ったのに今日も買ってしまう人がいるとします。すると、腕時計が覚えていてくれて、スーパーでトマトを買おうとすると、「冷蔵庫に三個入っていますよ」と教えてくれる。

ＡＩは使い方を覚えるのではなくて、こういう機能があればいいなと思うことが大事です。

高齢になるほどＡＩに頼りたくなってもおかしくありません。**ＡＩを進歩させるのは、むしろ高齢者なのです。**

こんなものがあればいいなと思えば、昔と較べたら、それが作れてしまう技術は圧倒的に高い。つまり、のび太くんがドラえもんに何でも作らせるのが夢物語ではなくなる可能性があります。

二〇年後のロボットは、三〇〇万や五〇〇万円を出せば、何でもできてしまう性能を備えているのではないでしょうか。

掃除も洗濯もやってくれるし、ご飯も作ってくれる。AIの国語力は人間に追い付いたそうですから、話し相手にもなってくれる。しかもその声は今のロボットみたいなものではなくて、福山雅治さんや北川景子さんみたいな声だったりするわけです。

3Dプリンターの技術を使えば、顔も福山さんや北川さんだったりする。二四時間働いてくれるし。それが夢物語かと問われれば、そうでもないのではないでしょうか。

今、六四歳の私が八四歳になる頃には出来ているような気がします。

ロボットによって人手不足も解消するし、AIが何でもやってくれる時代が到来するでしょう。


要求があれば、技術は必ず追いついてくるものです。

スティーブ・ジョブズがマッキントッシュの起動に時間がかかった初期の頃に、

「こんなに時間がかかるんじゃイヤだ」と駄々をこねたわけです。技術者は、「コンピュータは起動には時間がかかるのは当たり前です」とか文句を言っていたようですが、最終的には二八秒も短縮してしまう。

すると、経営者がどれだけワガママで要求水準が高いかが大事になってくる。そういう経営者の会社が勝つことになるのでしょう。

高齢者の要求水準がどれだけ高くなっても、それに応えるロボットをどこかが作ってくれるのではないかと、私はけっこう注目しています。

私が日本なら売れるのではないかと思っているものがあるのですが、それは人を運んでくれるドローンです。

高齢者が歩いていて道を渡りたい時に、歩道橋にエスカレーターがついているところはまずないですから、歩道橋を利用できないことがけっこうあると思います。

車椅子の形をしたドローンで、高齢者が歩道橋に来たらサッと乗せて、道を渡れたらけっこういいのではないでしょうか。

ウクライナでは戦車を爆破できるくらいの爆薬を積める高精度のドローンが五〇〇

ドルで作れるそうですから、百万円くらいで実用化できるかもしれません。

これまでの時代とは逆で、高齢者がいろいろなものを進歩させる。すると、**頭が良くて厚かましいお年寄りがたくさんいる国のほうが有利になってくる**はずです。

## 日本の団塊の世代ほど頭のいい高齢者たちは世界にいない

第3章でも述べましたが、日本の高齢者に関して意外に気付かれていないのが、団塊の世代に当たる高齢者たちは、受験戦争の走りだったせいで、とても頭がいいということです。

おそらく、同じ世代で較べると世界でいちばん頭がいいと思います。高齢者で頭がいい人が多い国は意外に少ないのです。

四〇歳から下の香港人や韓国人は、日本人よりも勉強ができます。その根拠は、一九九〇年代末に中学二年生の数学力で、日本は香港や韓国や台湾に負け始めたからです。一九八五年生まれくらいの香港人や韓国人はすでに日本人の学力を抜き去っています。

ところが、七〇歳代を較べた時には、中国や韓国には字が読めない人もいます。その点、日本人は普通に二次方程式が解ける。中卒・高卒のお年寄りも含めて普通のお年寄りで頭がいい人が多い国は、ほかになかなかありません。

残念ながら、その特性を生かそうという話にはあまりなっていないのです。

若い連中は科学的で先進的で、高齢者はもう頭がふやけていると思っているかもしれませんが、バックグラウンドが違いすぎますから、**ゆとり世代の若者と較べたらお年寄りのほうが賢いと言えるかもしれません**。

そのことに気が付いている人が少ないのです。

何度も言うように、テレビ局は深夜の時間帯に高齢者向けの番組を作らないし、メーカーは高齢者市場を本気で開拓しようとしていません。高齢者を消費者として見ていないからです。

そういう意味では、雑誌の『ハルメク』なんかは賢い。いまや絶好調で日本でいちばん売れている女性誌ですから。

『週刊ポスト』や『週刊現代』も、売れているのかどうかは知りませんが、「死ぬまでセックス」特集の類いに活路を見いだしたみたいで、お年寄り雑誌にシフトチェンジしたのは当然の流れです。いまや、高齢者用のエロ雑誌です（笑）。

やはりもう少しお年寄りバイアスを変えて、今のお年寄りは元気で賢いと考え直したほうがいいと思います。**医者とか雑誌の作り手が考えているよりも、お年寄りはずっとインテリです。**

## 本当の「実験」が出来ない国、日本。ゼロリスクの発想を排せ

日本は教育課程において、「実験」をさせてもらっていない不思議な国です。

そもそもは、工業立国とか科学立国という発想がありました。ところが、理系に行ってもその後の就職率が良くなかったり、理系で出来る子がみんな医学部に行くようになってしまった。

そして、「理科離れ」と言われるようになった。それでは困るから、理科の大切さ

を子どもたちに教えようということで、一九七〇年代にはどこの学校でも立派な実験室が出来ました。

しかし、日本の学校の実験室は私に言わせたら、実験室ではありません。

〇〇を何cc入れて、そこに△△を何cc加えたら、はい、青になりました。最初から何をどれくらい入れるかが決まっているのなら、実験ではなくてお料理教室でしょう。

実験とは、これとこれを入れてみたらどうなるかなとやってみることです。バリーンと容器が割れたりもする。でも、子どもにケガをさせちゃいけないから、失敗するような実験をやらせないのです。

実験っぽいフラスコやビーカーを使うのが実験なのではなくて、試してみることが実験で、それが大事な点です。試してみてうまくいかなかったら別のことを試す。いろいろやってみて、最後にうまくいくのが実験です。

エジソンはいみじくもこう言いました。

「私は失敗したことがない。ただ、一万通りのうまく行かない方法を見つけただけだ」

実験は失敗することが前提です。同じ失敗を繰り返すのはダメですが、失敗したら別のやり方を組み立てる、それが実験です。

たしかに私はデビュー作の『受験は要領　たとえば、数学は解かずに解答を暗記せよ』で、「理科実験なんて時間の無駄だ」と書いてボロクソに批判されました。こんなんじゃ日本からノーベル賞を取る人間はいなくなるとか。

では、湯川秀樹博士や朝永振一郎博士の頃、小学校に実験室があったかと言われたら、ないわけです。

例えば数学は暗記科目だと言うのなら試しにやってみようとか、そうするほうがよほど実験ではないでしょうか。和田という人がこんな変な勉強法を書いているから、それを試してみて、成績が上がったとか下がったとかいうほうが実験です。

実験を通じて身につけなければいけないのは、失敗してもいいという思考です。「和田さんの本の通りにやってダメならば、他の人の方法でやればいい」、それが実験的発想です。

日本は肝心な実験精神を教えないから、失敗を恐れる人が多すぎます。大学に行けば少しはマシになるかというと、そうでもない。

その果てにどうなるかというと、ゼロリスク的な発想になります。実験をしょっちゅうやっている人にとってみたら、ゼロリスクなんてあり得ないわけで、リスクは常につきまとうものです。

だから例えば原発のゼロリスクはあり得ないことです。だけど、このくらいのリスクならば許容できると見るか、いやこれは許容できないリスクだと見るかが大事です。コロナだってそう。隣の国はゼロコロナなんてあり得ない夢物語を追求したから、とんでもないことが起こったのです。

## 大事なのは悪い結果の予測である ある ことを試した時に

中国のゼロコロナ政策であれ、日本の過剰な自粛政策であれ、どちらもその結果として、多くの人が歩けなくなって要介護の高齢者が激増するのではないか、そういうことを予想しなければなりませんでした。

あることを試した時に、良い結果が予想される一方で、副反応みたいに悪い結果も予想されるわけですが、コロナの時には特に付随して起きる悪い結果は検討されていませんでした。

私たちは悪いことを予測して不安になる割に、その不安がいざ現実になった時の対処がダメなことが多いのです。

ボケたくないから脳活を実践する人はたくさんいます。しかし、内閣府の調査によれば、二〇二五年には六五歳以上では五・四人に一人が認知症になると予測されています。それを見越して介護保険をどうやって使うのかをあらかじめ勉強するかと言えば、そういう人はあまりいません。

いちばんの典型例がガン検診です。ガン検診は、ガンでないことを確認するために受けている人がほとんどです。

もしもガンが発見された時に、どこの病院に行くか、どんな治療を受けるか、もしくは一切手術はしないのか、それを考えている人はあまりいません。

ガン検診を受けるということは、受けなければ分からずに済むのに、わざわざ受けて知ってしまうわけです。ある一定の確率でガンであることは予想できるはずなのに、ガンと分かった後のことを考える人は少ない。

だからこそ、畑村洋太郎先生は「失敗学」を主張されていました。

失敗学の教えるところは、畑村先生に言わせたら、失敗は成功のもとではないのです。**人間は放っておくと同じ失敗を必ずする。ゆえに、二度と同じ失敗をしないようにチェックするのが一つ。もう一つは失敗を通じて次の実験を組むこと**です。

日本の場合は、その失敗に対する態度が、もう失敗しちゃいけないと思って先回りするのだけれども、結局は何もしないのだそうです。

何度も触れてきましたが、いじめ自殺が起きたら、悪口禁止やニックネーム禁止となる。高齢者が一件交通事故を起こしたら、高齢者全員の免許証を取り上げようとする。いつも発想がそうです。そして、ソリューションを教えたり考えたりしないのです。

## 齢を取ってヒマになったら実験はし放題

受験勉強は暗記ばかりだとか、上から言われたことしか出来なくなるとか言われますが、受験勉強でこそいろんな勉強法を試すことができます。そこで実験することによって人は成長できると思います。

私はコンサルタントの何が嫌いかと言うと、よく最初から答えは出ているみたいな断言をしますよね。医者もそうで、何度も触れてきましたが、血圧が高ければ下げなければダメだと言い切ります。

確率ゼロ、あるいは確率一〇〇パーセントのことなんて、ほぼないわけです。コンサルも医者も、確率論的に確率は下げてくれるかもしれませんが、ゼロか一〇〇なんてことはあり得ません。

やる前から答えが出ているものは宗教で、やってみないと答えが分からないという発想が科学なのです。

そこで私が提案したいのは、**齢を取ってヒマになったら実験はし放題**ということです。

ちょっと人が並んでいるラーメン屋を見た時に入ってみようと思う。まずかったら失敗だし、旨けりゃ成功だと思う。それを実験だと捉えればいいわけです。絶対に旨いものを食うぞと思うことが間違いです（笑）。

齢を取ったら時間だけはあるのですから、**すべては実験だと思って生きればいい**。

そう考えればいろんな実験が出来ますよ。様々な健康本を読んで、これは健康にいいとか悪いとか書いてありますが、試してみて自分に合うかどうかが分かればいいだけの話です。

私は医者なので、何時間寝るのがいいのかとよく聞かれます。

アインシュタインみたいに一〇時間以上のロングスリーパーもいれば、エジソンやナポレオンのように三～四時間のショートスリーパーもいます。

人それぞれだから、今度一週間ヒマだったら、五時間、六時間、七時間、八時間と寝てみて、どの翌日に調子がいいかやってみたらと答えることにしています。あるいは、何時間かすればば自然に目覚めるから、それが丁度いいかもしれません、と答えます。

答えはたぶん一人一人違うはずなのに、全員が同じ答えであるはずだと思うところが日本人には割とあるような気がします。要は、自分の体調に合わせてみればいいのです。

「すべては実験さ」と思えば、気がラクになるじゃありませんか。

## 生きがいは求めない。生きているうちに楽しみは見つかる

高齢者は自由です。いろんなことからやっと解放されるからです。

その反面、束縛がなくなると、なんのために生きているのかが分からなくなり、「生きがい」を求めて右往左往する人が少なくありません。

生きがいはあったほうがいいのでしょうか。私はあってもなくても、どちらでもい

いと思います。ただ、生きがいを求めて焦ることはありません。生きがいは主観的なものですから、無理やりつくるものではなくて、自然に見つかるものです。「見つかればラッキー」くらいに構えていたほうがいいのです。

**八〇歳を超えた高齢者が生きがいにあまりにも頼るのは考えものです。**例えば、ソーシャルダンスに生きがいを感じた場合、ケガをしてできなくなったら大変です。愛犬や愛猫に生きがいを見いだしている人は、その死をきっかけにして落ち込んでしまいます。

生きがいがあることは幸せですが、それによって幸せが過ぎると、喪失したときの反動が大きすぎます。

そう考えると、**日々を楽しく暮らす、という発想が大事**なのではないでしょうか。したいことをする、面白いと思うことをやってみる。

そうやって一日一日を過ごしていくことが、人生を乗り切る極意なのかもしれません。

もう一度言います。人はもともと、齢を取れば取るほど幸せになるようにできています。だから、老いるが勝ちなのです。

《第４章が教える生き方のヒント》

◎試してみるまでは間違っているか正しいかは言えない。
◎他人が決めた客観性なんてものには、期待しないほうがいい。
◎ダメなリーダーが治世をしている時のほうが株価は上がる。
◎人は得よりも損に反応する。
◎人が幸せを感じるかどうかは「参照点《レファレンス・ポイント》」によって決まる。
◎老後のことを考えたら、参照点は低いほうが幸せが待っている。
◎お金を持っていたほうが幸せという資本主義の大原則が、人生の晩年においては、人間の心理によってもろくも崩れる。
◎人生の幸福度が最高値に達するのは、八二歳以上である。
◎人はもともと、齢を取れば取るほど幸せになるようにできている。

◎齢を取れば取るほど、お金を使っているかどうかが、周囲の人を引き寄せる要因になる。

◎お金のある人よりも、心のある人に人は寄ってくる。

◎人間やはり、若いうちからガマンなんかしないほうがいい。

◎生産しないで消費だけしてくれる人は、国にとっては非常にありがたい存在。

◎高齢者だって現役の消費者だ。

◎ＡＩを進歩させるのは、むしろ高齢者だ。

◎頭が良くて厚かましいお年寄りがたくさんいる国のほうが有利になってくる。

◎医者とか雑誌の作り手が考えているよりも、お年寄りはずっとインテリだ。

◎齢を取ってヒマになったら実験はし放題、すべては実験だと思って生きればいい。

◎日々を楽しく暮らす、という発想が大事。

**和田秀樹**（わだ ひでき）

1960年、大阪府生まれ。東京大学医学部卒業。精神科医。東京大学医学部附属病院精神神経科助手、米国カール・メニンガー精神医学校国際フェローを経て、和田秀樹こころと体のクリニック院長。高齢者専門の精神科医として、30年以上にわたって高齢者医療の現場に携わっている。『「損」を恐れるから失敗する』（PHP新書）、『70代から「いいこと」ばかり起きる人』（朝日新書）、『80歳の壁』（幻冬舎新書）など著書多数。

**文春新書**

1464

老《お》いるが勝《か》ち！

---

2024年8月20日　第1刷発行

| | |
|---|---|
| 著者 | 和田秀樹 |
| 構成・文 | 石橋俊澄 |
| 発行者 | 大松芳男 |
| 発行所 | 株式会社 文藝春秋 |

〒102-8008　東京都千代田区紀尾井町3-23
電話（03）3265-1211（代表）

| | |
|---|---|
| 印刷所 | 理想社 |
| 付物印刷 | 大日本印刷 |
| 製本所 | 大口製本 |

定価はカバーに表示してあります。
万一、落丁・乱丁の場合は小社製作部宛お送り下さい。
送料小社負担でお取替え致します。

---


ISBN978-4-16-661464-6

## ◆考えるヒント

民主主義とは何なのか　長谷川三千子
寝ながら学べる構造主義　内田　樹
私家版・ユダヤ文化論　内田　樹
勝つための論文の書き方　鹿島　茂
成功術　時間の戦略　鎌田浩毅
世界がわかる理系の名著　鎌田浩毅
ぼくらの頭脳の鍛え方　立花　隆・佐藤　優
知的ヒントの見つけ方　立花　隆
立花隆の最終講義　立花　隆
日本人へ　リーダー篇　塩野七生
日本人へ　国家と歴史篇　塩野七生
日本人へ　危機からの脱出篇　塩野七生
逆襲される文明　日本人へⅣ　塩野七生
誰が国家を殺すのか　日本人へⅤ　塩野七生
完全版　ローマ人への質問　塩野七生
イエスの言葉　ケセン語訳　山浦玄嗣

聞く力　阿川佐和子
叱られる力　阿川佐和子
看る力　阿川佐和子・大塚宣夫
話す力　阿川佐和子
臆病者のための裁判入門　橘　玲
女と男　なぜわかりあえないのか　橘　玲
テクノ・リバタリアン　橘　玲
「強さ」とは何か。　鈴木義孝構成・宗　由貴監修
何のために働くのか　寺島実郎
女たちのサバイバル作戦　上野千鶴子
在宅ひとり死のススメ　上野千鶴子
サバイバル宗教論　佐藤　優
サバイバル組織術　佐藤　優
無名の人生　渡辺京二
生きる哲学　若松英輔
危機の神学　若松英輔・山本芳久
脳・戦争・ナショナリズム　中野剛志・中野信子・適菜　収
歎異抄　救いのことば　釈　徹宗

プロトコールとは何か　寺西千代子
それでもこの世は悪くなかった　佐藤愛子
知らなきゃよかった　池上　彰・佐藤　優
知的再武装　60のヒント　池上　彰・佐藤　優
無敵の読解力　池上　彰・佐藤　優
死ねない時代の哲学　村上陽一郎
コロナ後の世界　ジャレド・ダイアモンド　ポール・クルーグマン　リンダ・グラットン　マックス・テグマーク　スティーブン・ピンカー　スコット・ギャロウェイ　大野和基編
コロナ後の未来　ユヴァル・ノア・ハラリ　カタリン・カリコ　ポール・ナース　リンダ・グラットン　リチャード・フロリダ　スコット・ギャロウェイ　イアン・ブレマー　大野和基編
スタンフォード式　お金と人材が集まる仕事術　西野精治
なんで家族を続けるの？　内田也哉子・中野信子
教養脳　福田和也
コロナ後を生きる逆転戦略　河合雅司
超空気支配社会　辻田真佐憲
明日あるまじく候　細川護熙
百歳以前　徳岡孝夫・土井荘平
老人支配国家　日本の危機　エマニュエル・トッド
迷わない。完全版　櫻井よしこ
いまさら聞けない　キリスト教のおバカ質問　橋爪大三郎

ちょっと方向を変えてみる　辻 仁成
フェミニズムってなんですか?　清水晶子
小さな家の思想　長尾重武
日本人の真価　藤原正彦
日本の伸びしろ　出口治明
ソーシャルジャスティス　内田 舞
70歳からの人生相談　毒蝮三太夫
柄谷行人『力と交換様式』を読む　柄谷行人ほか
初めて語られた科学と生命と言語の秘密　松岡正剛 津田一郎
福田恆存の言葉　福田恆存
疑う力　真山 仁
定年後に読む不滅の名著200選　文藝春秋編
運　安田隆夫

## ◆サイエンスとテクノロジー

世界がわかる理系の名著　鎌田浩毅
「大発見」の思考法　山中伸弥 益川敏英
ねこの秘密　山根明弘
ティラノサウルスはすごい　土屋 健 小林快次監修
アンドロイドは人間になれるか　石黒 浩
マインド・コントロール　岡田尊司
サイコパス　中野信子
首都水没　土屋信行
水害列島　土屋信行
植物はなぜ薬を作るのか　斉藤和季
超能力微生物　小泉武夫
フレディ・マーキュリーの恋　竹内久美子
猫脳がわかる!　今泉忠明
ウイルスVS人類　瀬名秀明・押谷 仁 五箇公一・岡部信彦・河岡義裕 大曲貴夫・NHK取材班
がん治療革命 ウイルスでがんを治す　藤堂具紀
ゲノムに聞け　中村祐輔
妊娠の新しい教科書　堤 治
AI新世 人工知能と人類の行方　小林亮太 篠本 滋 甘利俊一監修
お天気ハンター、異常気象を追う　森さやか
スパコン富岳の挑戦　松岡 聡
分子をはかる　藤井敏博
メタバースと経済の未来　井上智洋
半導体有事　湯之上隆
チャットGPT vs. 人類　平 和博
日本百名虫 フォトジェニックな虫たち　坂爪真吾
日本百名虫 ドラマティックな虫たち　坂爪真吾
テクノ・リバタリアン　橘 玲
脳は眠りで大進化する　上田泰己


品切の節はご容赦下さい

## ◆こころと健康・医療

## ◆社会と暮らし

はじめての部落問題　角岡伸彦
潜入ルポ　ヤクザの修羅場　鈴木智彦
臆病者のための裁判入門　橘　玲
女と男　なぜわかりあえないのか　橘　玲
テクノ・リバタリアン　橘　玲
食の戦争　鈴木宣弘
首都水没　土屋信行
水害列島　土屋信行
児童相談所が子供を殺す　山脇由貴子
夫のLINEはなぜ不愉快なのか　山脇由貴子
子供の貧困が日本を滅ぼす　日本財団 子どもの貧困対策チーム
医学部　鳥集　徹
高齢ドライバー　所　正文・小長谷陽子・伊藤安海
感動の温泉宿100　石井宏子
日本プラモデル六〇年史　小林　昇
昭和の東京12の貌　文藝春秋編
平成の東京12の貌　文藝春秋編
統一教会　何が問題なのか　文藝春秋編
平成の通信簿　吉野太喜
1979年の奇跡　南　信長
日本の海が盗まれる　山田吉彦
内閣調査室秘録　岸　俊光編　志垣民郎
毒親介護　石川結貴
スマホ危機　親子の克服術　石川結貴
総会屋とバブル　尾島正洋
最強の相続　荻原博子
マイナ保険証の罠　荻原博子
県警VS暴力団　藪　正孝
女性を美しく見せる「錯覚」の魔法　テート小畠利子
死刑賛成弁護士　犯罪被害者支援弁護士フォーラム
パンデミックの文明論　ヤマザキマリ・中野信子
半グレと芸能人　大島佑介
47都道府県の底力がわかる事典　葉上太郎
なんで家族を続けるの？　内田也哉子・中野信子
コロナ後を生きる逆転戦略　河合雅司
超空気支配社会　辻田真佐憲
実録　脱税の手口　田中周紀
老人支配国家　日本の危機　エマニュエル・トッド
男性中心企業の終焉　浜田敬子
負動産地獄　牧野知弘
AI新世　人工知能と人類の行方　小林亮太・篠本滋・甘利俊一監修
お天気ハンター、異常気象を追う　森さやか
トカイナカに生きる　神山典士
ルポ　食が壊れる　堤　未果
メタバースと経済の未来　井上智洋
ソーシャルジャスティス　内田　舞
ペットロス　伊藤秀倫
チャットGPT vs.人類　平　和博
なぜ日本は原発を止められないのか？　青木美希
池田大作と創価学会　小川寛大
特殊詐欺と連続強盗　久田将義

(2024. 06) G　　品切の節はご容赦下さい